Lernideen mit Bildern

von
Diethelm Kaminski

Verlag für Deutsch

Für die freundliche Mitarbeit und die zahlreichen Abdruckgenehmigungen danken wir:

Marlene Pohle, Córdoba/Argentinien, S. 13, 25/26, 27, 33, 34, 38, 40, 43, 45, 47, 62, 64, 76/77, 84, 85/86, 89, 93, Umschlag-Zeichnung.

Magi Wechsler, Zürich, S. 8; Školska knjiga, Zagreb 1981, S. 10, 71 (Velimir Dorofejev), 72; Herbert Horn, München, S. 15, 28 (nach einer Anzeige der Deutschen Bundesbahn), 65; Das Buch für alle, Stuttgart 1888, S. 11, 17, 105-107; nach einer Zeichnung von Hermann Kaubisch, Marbach, S. 15; Vaĉernji list, Zagreb, S. 18; aus: „Brigitte" 24/87, Gruner u. Jahr, Hamburg, S. 21; Verlag für Deutsch, Ismaning, S. 21, 70; Kölner Stadtanzeiger, S. 23, 29; Erhard Dietl, Ottobrunn, S. 24; Otto Schwalge, Köln, S. 30; Club Méditerranée, Düsseldorf, S. 31; Erich Rauschenbach, Berlin, S. 41; Rowohlt Verlag, Reinbek (aus: Claire Bretécher, „Die Frustrierten"), S. 43/44; Terre des hommes, Osnabrück, S. 50; Fritz Wolf, Osnabrück, S. 52, 53/54, 56, 66, 67, 95, 98; Deutscher Ring, Hamburg, S. 55; Presse- und Informationsamt der Bundesregierung, „Wegweiser für Verbraucher", S. 58, 88; aus: „Nemška Vadnica" 5/83, 9/83 und 6/77 (Marijan Amalietti), Verlag Mladinska knjiga, Ljubljana, S. 60, 63, 68; Bundeszentrale für gesundheitliche Aufklärung, „Das Fernsehen und ihr Kind", Köln 1982, S. 73; Carl-W. Röhrig, Hamburg, S. 75; Deutsche Lufthansa, Frankfurt/Main, aus: JUP 2/81, S. 79; Peter Lowin, Bremen, S. 81; Peter Koch, Hamburg, S. 83; Ernst Hürlimann, München, S. 87; Swiss Air, Zürich, S. 36/37, 90/91; Landeszentralbank in Bayern, München, S. 92; Bärbel Lugino-Wolf, Münsingen-Buttenhausen, S. 96; DEBEKA Versicherung, S. 97; Deutsche Post-Reklame, Frankfurt/Main, S. 99; aus: „Brigitte" 17/87 (Jörg Drühl), Gruner u. Jahr, Hamburg, S. 104; Gabor Schuhmode, Rosenheim (v.d. Horst), S. 108; Landeshauptstadt München, Schulreferat, S. 109; aus: „Mladina" 31/87 (Sergio Aragones), Ljubljana, S. 110; aus: „spielen und lernen" 12/82 (Wilhelm Schlote), Velber Verlag, Seelze, S. 111/112.

| 4. | 3. | 2. | 1. | | Die letzten Ziffern |
| 1994 | 93 | 92 | 91 | 90 | bezeichnen Zahl und Jahr des Druckes. |

Alle Drucke dieser Auflage können, da unverändert, nebeneinander benutzt werden.
© 1990 VERLAG FÜR DEUTSCH
Max-Hueber-Straße 8, D-8045 Ismaning/München
Layout und Umschlaggestaltung: A. C. Loipersberger unter Verwendung einer Zeichnung von Marlene Pohle
Druck: Ludwig Auer, Donauwörth
Printed in the Federal Republic of Germany
ISBN 3-88532-711-2

Vorwort

Diese Sammlung von Unterrichtsanregungen und -entwürfen folgt nicht einem modischen Trend. Die Bilderbeispiele und Aufgaben stammen aus siebenjähriger Deutsch-als-Fremdsprache-Unterrichtstätigkeit im Ausland. Sie legen Zeugnis ab von der Überzeugung des Verfassers, daß Bilder den Unterricht auf allen Stufen faßlicher, begreiflicher und einprägsamer machen.

Es mag viele Ursachen für Schülerfrust im Fremdsprachenunterricht geben – eine ist mit Sicherheit die oft zu hohe Abstraktion, die zu geringe oder gar fehlende Anschauung. Zu schnell verlassen sich viele Lehrer auf das flüchtige mißverständliche Wort, statt – Zeit und Umwege sparend – zu einfachen Anschauungsmitteln zu greifen.

Wer danach sucht und einen Blick dafür entwickelt hat, dem steht ein unerschöpfliches Reservoir an Unterrichtshilfen zu Gebote: Illustriertenfotos, Prospekte, Cartoons, Bilderbögen, Kalenderblätter, Spielvorlagen, Poster. Nur findet man selten das Passende, wenn man erst zu suchen beginnt, wenn man es braucht.

Ein Fremdsprachenlehrer darf nicht auf der Stufe des Höhlenmalers verweilen (so hilfreich mitunter an die Tafel gekritzelte Strichmännchen sein können), sondern muß sich zum Jäger und Sammler entwickeln.

Die über viele Jahre hinweg angehäuften Bildvorräte machen Lehrbücher nicht überflüssig, sondern recht eigentlich individuell und lebendig und befreien den Benutzer aus lähmender Abhängigkeit von ihnen.

Nur wer über einen wohlgefüllten Gewürzschrank verfügt, kann faden Büchseneintopf schmackhaft machen.

Bei Lehrbüchern werden in der Regel Illustrationen und Fotos in ein fertiges Textgerüst eingebaut. Bei dieser Beispielsammlung ist es umgekehrt: Immer stand am Anfang eine interessante Bildvorlage, die dem Verfasser die Idee zu Aufgaben und Unterrichtsgestaltungen eingab. Zahlreiche Beispiele zeigen, wie man mit Hilfe von Bildersets und Bilderseiten den Unterricht ohne großen Aufwand kommunikativ machen und die Klasse sinnvoll organisieren kann.

Hinter den neun in sich nicht sehr fest gefügten Einheiten des Buches verbergen sich Grundthemen wie „Freizeit", „Gesundheit", „Wohnen", „Beruf", „Mode", „Streit", „Wetter", „Dienstleistungen" oder „menschliche Beziehungen", so daß es dem Benutzer nicht schwerfallen sollte, darin attraktive Ergänzungen zu den Lektionen seines Lehrbuchs zu finden.

Das Buch soll natürlich auch zum eigenen Sammeln anregen. Das selbst entdeckte Material bleibt immer auch das beste. Und nicht gleich kapitulieren: Ideen fallen nicht vom Himmel, sie müssen langsam reifen. Je größer der Bildvorrat, desto wahrscheinlicher die „zündende" Idee beim erneuten Durchblättern. Die Schüler werden für jede Abwechslung, die der Lehrer in den Unterricht bringt, dankbar sein.

Dieses Buch ist auch eine Danksagung an die Zeichner und Fotografen, die dem Fremdsprachenunterricht so originelles und oft lustiges, auf jeden Fall sehr nützliches und abwechslungsreiches Material bereitstellen.

Köln, Dezember 1989

Diethelm Kaminski

Inhaltsverzeichnis

1 Immer Ärger

1.1 „Ärgerlich, nicht?"

1. Schreiben Sie auf einen Zettel, worüber Sie sich in der letzten Zeit besonders geärgert haben. Notieren Sie nicht nur ein Stichwort, sondern einen ganzen Satz, z.B. „ … über meine Freundin / meinen Freund, weil sie / er nicht angerufen hat."

2. Der Lehrer sammelt die Zettel ein, mischt sie und verteilt sie neu in der Klasse.

3. Berichten Sie jetzt, worüber sich Ihre Mitschüler in der letzten Zeit besonders geärgert haben. Sie dürfen dabei die vorgegebenen sprachlichen Hilfen – Hauptsatz oder *daß*-Satz, Seite 9 – verwenden.

4. Die Ergebnisse werden zusammengefaßt: „Welches waren die häufigsten Ursachen des Ärgers?"

5. Wir wollen nun einmal sehen, worüber sich deutsche Frauen am häufigsten ärgern. Die „Ärger-Hitliste" einer deutschen Frauenzeitschrift auf der nächsten Seite nennt zwölf Ärgernisse, über die sich deutsche Frauen im Jahr 1984 am meisten aufgeregt haben. Berichten Sie darüber, und verwenden Sie wieder die vorgegebenen Redemittel.

6. Kreuzen Sie in der Tabelle an, worüber Sie sich sehr oder aber gar nicht ärgern würden.

7. Tragen Sie vor, was Sie angekreuzt haben.

8. Unterrichtsgespräch: „Haben Sie Unterschiede zwischen Ihren Ärgernissen und den Ärgernissen der deutschen Frauen bemerkt? Kann man die Angaben überhaupt miteinander vergleichen?"
   (Erwachsene – Jugendliche; Frauen – Männer; verschiedene Länder)

9. Befragen Sie Ihre Mutter, worüber sie sich am meisten ärgert und über welche der in der deutschen „Ärger-Hitliste" genannten Ärgernisse sie sich ärgern bzw. gar nicht ärgern würde.
   Tragen Sie die Antworten in die Tabelle ein, und berichten Sie darüber in der nächsten Deutschstunde.

1.

FAHRzeuge, die
auf GEHwegen stehen

Ärgerlich, nicht?

Sie nerven uns ständig, und manchmal verderben sie uns die beste Laune: die kleinen Tücken des Alltags. Wir haben eine Umfrage unter Frauen gemacht und die am häufigsten genannten Mißstände und Ärgernisse zu einer „Ärger-Hitliste" zusammengestellt. Sie sehen: lauter Probleme und Problemchen, die durchaus nicht unlösbar sind. Aber die meisten Menschen scheinen sich damit abgefunden zu haben, daß ihnen mindestens einmal am Tag der Hut hochgeht. Sie etwa nicht? Dann schreiben Sie uns, worüber Sie sich aufregen.

2.

Slalomlaufen
zwischen Hunde-
haufen

3.

Gebrauchsanweisun-
gen, für die man eine
Gebrauchsanweisung
braucht

4.

Handwerker und
Lieferanten, die
keinen genauen
Termin nennen und
diesen dann auch
nicht einhalten

5.

Viel Verpackung,
wenig drin

6.

Schmutzige Toiletten,
die auch noch Eintritt
kosten

7.

Autofahrer, die jeglichen Abstand vermissen
lassen

8.

Knöpfe an neuen
Hemden und Blusen,
die sofort abgehen

9.

Preisschilder, die nie
abgehen

10.

Läden, die ihre Läden
viel zu früh herunter-
lassen

11.

Klopapier, das seine
Rolle nicht spielt, weil
man den Anfang nicht
findet

12.

Moped- und Motor-
radfahrer, die Man-
neskraft mit Auspuff-
lärm beweisen wollen

Worüber ärgern sich die deutschen Frauen am meisten?

Drücken Sie es so aus:

Sie ärgern sich über …
regen sich über … auf
empören sich über …

sind	verärgert	über	…
	ungehalten		…
	aufgebracht		…
	empört		…

Sie ärgern sich darüber, daß …
regen sich darüber auf, daß …
empören sich darüber, daß …

sind	verärgert	darüber, daß …
	ungehalten	…
	aufgebracht	…
	empört	…

Kreuzen Sie an.

Darüber ärgern sich die deutschen Frauen:	Mich		Meine Mutter	
	würde das ärgern.			
	sehr	gar nicht	sehr	gar nicht
1. über Autos auf Gehwegen				
2.				
3.				
4.				
5.				
6.				
7.				
8.				
9.				
10.				
11.				
12.				

1.2 Laß das, ich hass' das!

1. Beschreiben Sie, was Sie auf den Bildern sehen.
2. Auf jedem Bild protestiert jemand gegen eine Behandlung, die ihm nicht gefällt. Verwandeln Sie den Protest anschließend in eine Drohung. „Zieh doch nicht immer an meinen Haaren!" → „Wenn du noch mal an meinen Haaren ziehst, sag' ich es meiner Mutter!"

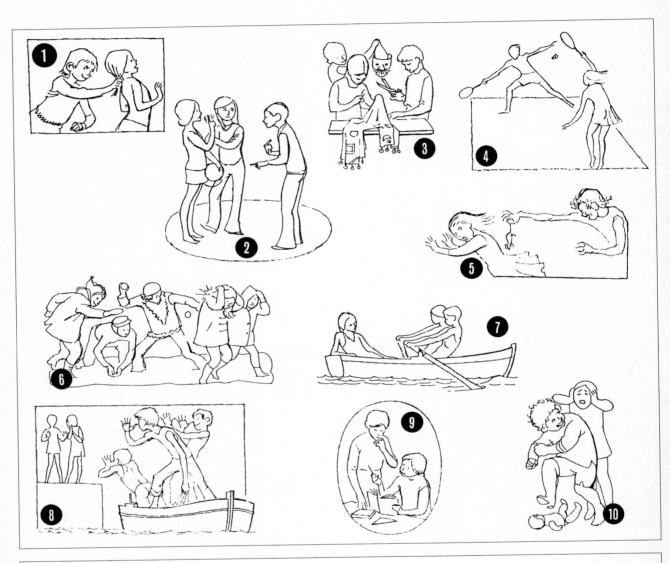

Was andere ärgert:

Bild 1: jemanden an den Haaren ziehen

Bild 2: jemanden nicht mitspielen lassen

Bild 3: andere bei der Arbeit stören

Bild 4: den Federball zu tief schlagen

Bild 5: jemanden mit einer toten Maus erschrecken

Bild 6: jemanden mit Schneebällen bewerfen

Bild 7: sich von anderen rudern lassen

Bild 8: jemandem eine lange Nase machen

Bild 9: jemanden beim Lernen aus dem Konzept bringen

Bild 10: jemandem die Puppe kaputt machen

1.3 Die Ratten verlassen das Haus

Die Bewohner

	links	rechts
4. Stock	*Dichter Schaurig:* Er verschwendet viel Papier.	*Schneidermeister Bügel:* Er streitet sich mit seiner Frau.
3. Stock	*Schuhmacher Kindermann:* Er hat sieben unartige kleine Kinder.	*Rentnerin Mimi Meyer:* Sie hat zu viele Katzen.
2. Stock	*Tanzlehrer Hopser:* Er spielt so falsch, wie er tanzt.	*Klavierlehrer Knochenhauer:* Den ganzen Tag üben seine unmusikalischen Schüler Tonleitern.
1. Stock	*Opernsänger Schreyer:* Wenn er Arien singt, fallen die Möbel um.	*Zahnarzt Kneiferl:* Seine armen Patienten schreien vor Schmerz.
Parterre	*Weinhändler Täufer:* Er verdünnt den Wein mit Wasser.	*Apotheker Schmierle:* Er mischt Medizin, die Kranke noch kranker macht.

Schauen Sie sich die Mieter in den zehn Wohnungen genau an.

Sagen Sie, warum die Ratten das Haus verlassen. Verwenden Sie

a) *einen Kausalsatz:*
„Die Ratten verlassen die Wohnung des Dichters Schaurig, *weil* er zuviel Papier verschwendet."

b) *einen Konsekutivsatz:*
„Schneidermeister Bügel streitet sich *so* oft mit seiner Frau, *daß* sogar die Ratten seine Wohnung verlassen."

Natürlich lassen sich für jede Wohnung verschiedene Sätze formulieren.

In allen Büroräumen läßt das Benehmen der Mitarbeiter sehr zu wünschen übrig. Das meint jedenfalls der Chef. Jedesmal, wenn er ein Büro betritt, findet er an jedem etwas auszusetzen und sagt es ihm direkt ins Gesicht.

Haben Sie etwa schon wieder ...... ?
Müssen Sie denn immer ...... ?
Könnten Sie nicht endlich einmal ...... ?
Begreifen Sie denn nicht, daß ...... ?
Wo kommen wir denn hin, wenn hier jeder ...... wollte!

Jeder Schüler erhält eine Bildvorlage. Jedem wird ein Buchstabe von a–z zugewiesen, der für einen Angestellten auf der Bildvorlage steht. Jeder muß wissen, welcher Angestellter er ist. Dann werden noch Chefs bestimmt, z.B. so: Alle, deren Nachname mit M beginnt, sind die Chefs Nr. 1, 2 usw. Dann nennt jemand in der Klasse ein beliebiges Wort, z.B. A p f e l, durch das die Kommunikationspartner festgelegt werden:

Chef 1	Chef 2	Chef 3	Chef 4	Chef 5
Angestellter *a*	*p*	*f*	*e*	*l*

Oder es werden beliebige Buchstaben aufgerufen, z.B.: t, n, g, h, j.

Wiederholen sich Personen, müssen sich die Beteiligten um neue Einfälle bemühen.

Die Reaktionen der „Angestellten" auf die Kritik des „Chefs" sollten originell, frech, ironisch oder lustig sein.

Beispiele:

1. Chef 1 – Angestellte(r) t
Chef: Haben Sie denn keinen Papierkorb?
t: Doch, aber es ist nicht so einfach, ihn zu treffen.

2. Chef 2 – Angestellte(r) n
Chef: *Können Sie nicht wie jeder normale Mensch mit zwei Händen tippen?*
n: Halten Sie nicht die Hand vor den Mund, wenn Sie gähnen?

3. Chef 3 – Angestellte(r) g
Chef: Hoffentlich sitzen Sie auch bequem! Kein Wunder, daß Ihnen alle Kopien auf den Boden fallen.
g: Mein Arzt hat mir langes Stehen untersagt.

4. Chef 4 – Angestellte(r) h
Chef: *Wissen Sie denn nicht, daß Rauchen in den Diensträumen verboten ist?*
h: Nee, das höre ich zum erstenmal.

5. Chef 5 – Angestellte(r) j
Chef: Haben Sie etwa schon wieder eine Geburtstagsfeier?
j: Nein, nur Hunger.

1.5 Streit im Garten

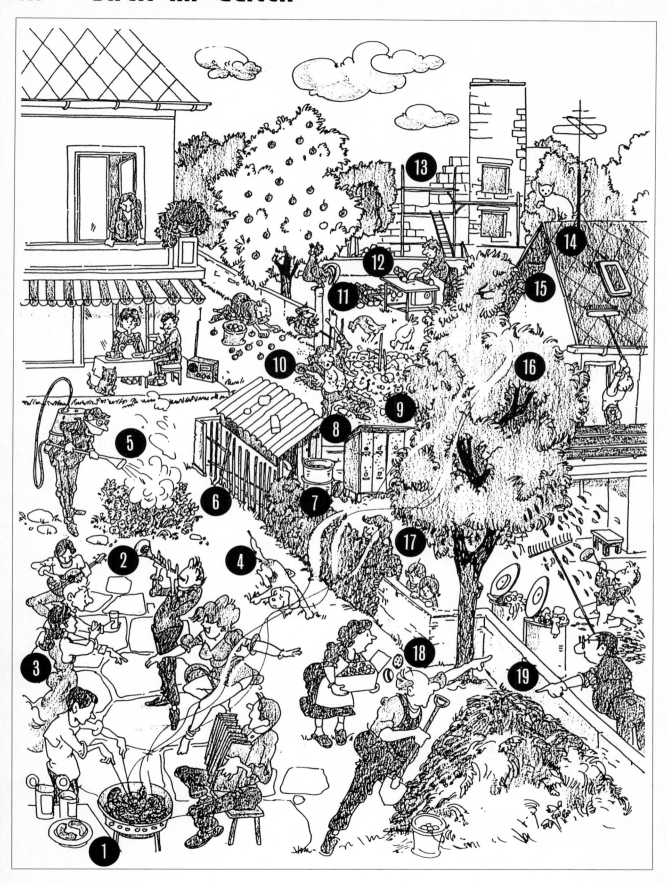

Streitanlässe:

1. grillen
2. laute Partys feiern
3. halbnackt herumlaufen
4. giftige Pflanzen anbauen
5. Gift spritzen
6. einen alten Zaun abreißen
7. Müll lagern
8. Bienen züchten
9. Bauschutt lagern
10. herabgefallenes Obst aufsammeln
11. Hühner halten
12. eine Motorsäge betreiben
13. ein neues Haus bauen
14. Katzen frei herumlaufen lassen
15. Schwalben Nester bauen lassen
16. hohe Bäume anpflanzen
17. Hecken wuchern lassen
18. Fußball spielen
19. Komposthaufen anlegen

Zwei Nachbarn streiten sich. Der eine ist wütend und beschwert sich, der andere verteidigt sich.

Führen Sie kurze Streitgespräche. Verwenden Sie dabei die folgenden Redemittel:

Der erste Nachbar beschuldigt den …	*zweiten Nachbarn, der sich daraufhin verteidigt.*
a) Ich verbiete Ihnen …	a) Sie haben kein Recht, mir … zu verbieten.
b) Ohne meine Erlaubnis dürfen Sie nicht …	b) Sie können mir nicht verbieten, …
c) Ich werde … unterbinden.	c) Sie können gegen … nichts unternehmen.
d) Ich verlange von Ihnen, daß Sie sofort … einstellen.	d) Es ist mein gutes Recht, …
e) … ist eine unzumutbare Belästigung.	e) Sie können nicht von mir verlangen, daß …
f) Hören Sie sofort auf …	f) Es ist meine Sache, wann ich … Da brauche ich Sie nicht um Erlaubnis zu fragen.
g) Lassen Sie … augenblicklich bleiben.	g) Ich denke nicht daran, mit … aufzuhören.
h) Stellen Sie … ab.	h) …
i) Wenn Sie … nicht bleiben lassen, rufe ich die Polizei.	i) …

1.6 Regenopfer

Über diese Szenen im Regen empören sich Menschen, die selbst im Trockenen sitzen.

1.

Was sagen sie?
„Wie kann man nur …?"
„Ausgerechnet …!"

2.

4.

„Warum …
nicht …?"

3.

5.

6.

1.7 Wetterwörter

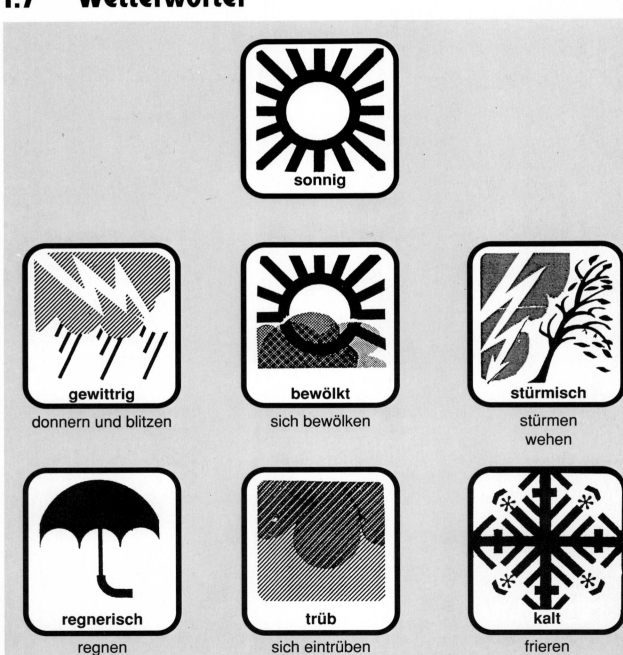

sonnig

gewittrig
donnern und blitzen

bewölkt
sich bewölken

stürmisch
stürmen
wehen

regnerisch
regnen

trüb
sich eintrüben

kalt
frieren
schneien

Nomen	Verb	Adjektiv
der Regen	regnen	regnerisch
die Sonne	–	sonnig
der Wind	wehen	windig
der Sturm	stürmen	stürmisch
der Blitz	blitzen	–
der Donner	donnern	–
der Nebel	–	neblig
das Eis	–	eisig
der Frost	frieren	frostig
die Hitze	–	heiß
das Tauwetter	tauen	–
der Hagel	hageln	–

gestern	heute / jetzt	morgen
Adjektiv		
war es sonnig	ist es sonnig	wird es sonnig sein
Nomen		
gab es Regen	–	wird es Regen geben
Verb		
regnete es	regnet es	wird es regnen

Üben Sie die anderen Wetterwörter der Liste in den drei Zeitstufen Vergangenheit, Gegenwart, Zukunft. Die Aussage in der Zukunft bedeutet immer eine Vermutung.

Wie ist bei euch das Wetter?

Vergangenheit

○ Wie war das Wetter gestern bei euch in ...?

● Es war ziemlich ... (*Adjektiv*).

Oder:

● Es hat den ganzen Tag ... (*Partizip II*).

Gegenwart

○ Wie ist das Wetter jetzt bei euch?

● Es ist ziemlich ... (*Adjektiv*).

● Es hat bis eben ... (*Partizip II*).

Zukunft

○ Wie das Wetter wohl morgen wird?

● Ich glaube, es wird ... (*Verb*).

Führen Sie Minigespräche, und verwenden Sie die Wetterwörter.

○ Wie war das Wetter gestern bei euch in Rio?   ● Es war ziemlich heiß.

○ Wie ist das Wetter heute bei euch in London?   ● Es hat bis eben gedonnert und geblitzt.

○ Wie das Wetter wohl morgen wird?   ● Ich glaube, es wird schneien.

1.8 „stehen – sitzen – liegen"

Üben Sie mit Hilfe von Illustriertenbildern die Verben „stehen – sitzen – liegen", „stellen – setzen – legen" sowie „sich hinstellen – sich hinsetzen – sich hinlegen" im Präsens, Präteritum und Perfekt in verschiedenen Situationen.

1. Wir bilden Gruppen. Jede Gruppe erhält acht Illustriertenbilder, die die Idee „stehen", „sitzen", „liegen" ausdrücken. Jeder in der Gruppe sucht sich zwei Bilder aus und beschriftet sie, d.h. er beantwortet die Frage: „Wo steht … ? Wo sitzt … ? Wo liegt …?" Einige Bildvorlagen enthalten Vokabelhilfen.
Bedingung der folgenden Übung ist, daß die vorgegebenen Verben verwendet werden.

2. Ein Schüler ruft einen Schüler einer Nachbargruppe mit Namen auf. Er fragt z.B. Paul: „Paul, was ist auf deinem Bild?" Paul antwortet: „Auf meinem Bild steht eine Frau auf den Schienen" und fragt dann z.B. Regine: „Regine, was ist auf deinem Bild?"

3. Nach dieser Übung tauschen alle Gruppen die Bilder aus. Jedes Bild steht für den Anfang einer Geschichte, die in der Vergangenheit spielt. Wieder werden die Schüler in den Nachbargruppen befragt, z.B.: „Herbert, wie beginnt deine Geschichte?" Herbert: „Eines Tages stand da eine Frau auf den Schienen." Herbert fragt weiter: „Rosa, wie beginnt deine Geschichte?" Rosa: „Eines Tages …"

4. Alle Gruppen sortieren die Bilder aus, die sie ungewöhnlich finden. Die Bilder werden an der Tafel befestigt, damit alle sie sehen können.
Je zwei Schüler bereiten nach den aussortierten Bildern und nach folgendem Musterdialog an der Tafel kleine Gespräche vor, in denen sie ihr Erstaunen ausdrücken:

> **Beispiel:**
> ●   Da *steht* ja eine Frau *auf den Schienen.*
> ○   Warum hat sich die denn da hingestellt?
> ●   Das möchte ich auch gerne wissen.

5. Alle Bilder werden von Tisch zu Tisch gereicht. Einige Bilder geben Antwort auf die Frage: „Was hat Mutter alles gemacht, als sie den Tisch gedeckt hat?"
Z.B. „Mutter hat Teller *auf den Tisch gestellt.*" „Sie hat Kuchen *auf die Teller gelegt.*"

2 Wer rastet, rostet

2.1 Dienstleistungen

Spielanleitung:

1. Die Klasse wird in zwei Gruppen eingeteilt.

2. Die erste Gruppe erhält die Bildvorlage. Jedem in der Gruppe wird ein Buchstabe zugeteilt; die Buchstaben werden entweder auf kleine Zettel geschrieben oder zugeflüstert. Es müssen alle Buchstaben „besetzt" sein; gegebenenfalls erhalten einige Schüler denselben Buchstaben.
Jeder Buchstabe steht für einen Beruf, eine Dienstleistung oder einen Artikel, den man kaufen kann. Achtung: Einige Bilder sind eindeutig, andere nicht!

3. Die zweite Gruppe erhält eine Liste mit Berufen, Dienstleistungen und Artikeln. Sie weiß nur, daß die erste Gruppe die Personen A–O repräsentiert, jedoch nicht, was diese zu verkaufen oder anzubieten haben.

4. Ziel des Spiels ist es, möglichst viele Personen herauszufinden, die einen Kauf- oder Dienstleistungswunsch erfüllen können (siehe Liste). Der Wunsch muß begründet werden.

Beispiel 1:

● Ist dort Firma H.? Ich brauche sofort 5 kg Gebäck für *eine Hochzeit.* Können Sie mir die bitte nach Hause liefern?

○ Tut mit leid, aber da kann ich Ihnen leider nicht helfen. Ich bin Möbelpacker.

Beispiel 2:

● Ist dort Herr B.? Mein Klavier ist total verstimmt. Wann könnten Sie mal vorbei-kommen?

○ Ja, wann paßt es Ihnen denn?

Bei einem Gruppenwechsel muß eine neue Zuordnung der Buchstaben vorgenommen werden.

Liste:

- –s Paßfoto
- –e Reportage
- –e Katze
- –s Go-cart
- –s Haus
- –s Gebäck
- –r Lebensgefährte
- –e Nachhilfe
- –r Babysitter

- –r Architekt
- –s Haustier
- –r Möbelwagen
- –r Klavierstimmer
- –e Band
- –e Tuba
- –r Drucker
- –r Hund
- –r Gärtner

- –r Maurer
- –r Bauplan
- –e Torte
- –r Musiker
- –s Klavier
- –r Friseur
- –r Hausmeister
- –e Klarinette
- –r Schornsteinfeger

2.2 Hab' den Wagen voll geladen

	a	b	c	d	e	f	g	h	i	j	k	l	m	n
1														
2														
3														
4														
5														
6														
7														
8														
9														
10														
11														
12														
13														
14														
15														
16														
17														

Ein Vokabelspiel:

1. Kopieren Sie das Bild auf eine Folie. Es wird in zwei Gruppen gespielt: Gruppe A senkrecht, Gruppe B waagerecht.

2. Gruppe A fragt Gruppe B: „Was hat der Umzugswagen zwischen 11 und 13 (= 3 Spalten) geladen?"

   Am Overheadprojektor deckt ein Helfer die Spielfolie so ab, daß nur der geforderte Bildausschnitt sichtbar bleibt. Gruppe B muß alle Gegenstände, die sie im Bildausschnitt zu erkennen glaubt, im Akkusativ nennen, z.B. „einen Fernseher", „einen Besen".

Die Wörter werden aufgeschrieben, damit anschließend kontrolliert werden kann, ob die Benennungen richtig oder falsch waren.

3. Dann ist die A-Gruppe mit einem senkrechten und natürlich gleich breiten Bildausschnitt an der Reihe (z.B. c–e).

4. Der Schwierigkeitsgrad kann durch Verengung bzw. Verbreiterung des Bildausschnitts gesteigert bzw. verringert werden.

5. Gewonnen hat die Gruppe, die in einer vor Spielbeginn vereinbarten Zahl von Runden die meisten Gegenstände sachlich und sprachlich richtig benannt hat. Zwei neutrale Schiedsrichter schreiben die Punkte während des Spiels auf.

2.3 In aller Stille ... eine Pille

Sagen Sie bei jedem Bild, wogegen oder wofür der Patient gerade eine Pille einnimmt, und suchen Sie die Entsprechungen.

Bild 1: Eine *für* einen gesunden Schlaf. Eine *gegen* Schlaflosigkeit.
Bild 8: Eine *für* mehr Mut bei Frauen. Eine *gegen* Schüchternheit.

Die ungeordnete Liste hilft Ihnen. Streichen Sie die verwendeten Wörter aus.

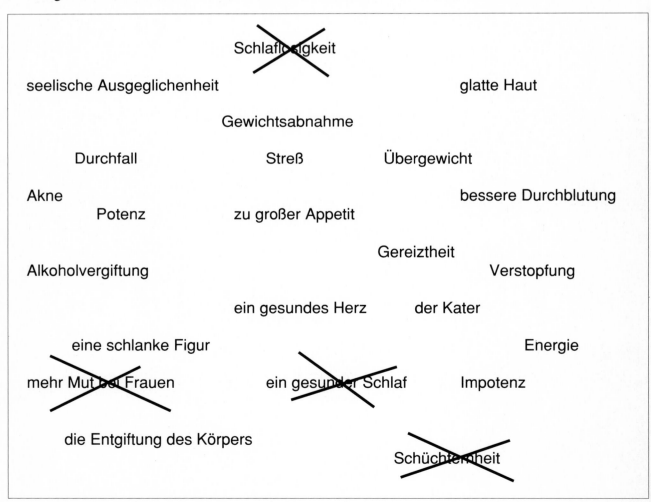

Schlaflosigkeit

seelische Ausgeglichenheit   glatte Haut

Gewichtsabnahme

Durchfall   Streß   Übergewicht

Akne   bessere Durchblutung

Potenz   zu großer Appetit

Gereiztheit

Alkoholvergiftung   Verstopfung

ein gesundes Herz   der Kater

eine schlanke Figur   Energie

mehr Mut bei Frauen   ein gesunder Schlaf   Impotenz

die Entgiftung des Körpers

Schüchternheit

2.4 Gesunde Ernährung

Geben Sie jemandem, der zu dick ist und gerne abnehmen möchte, Ernährungstips.
Verwenden Sie dabei die folgenden Strukturen:

1. Du solltest *weniger* …	und dafür *mehr* …	essen / trinken.
2. Du solltest *nicht so viel* …	sondern *lieber mehr* …	essen / trinken.
3. *Statt* …	solltest du *lieber* …	essen / trinken.

Beispiele:

1. Du solltest *weniger Limonade* und dafür *mehr Milch* trinken.

2. Du solltest *nicht so viel Kuchen,* sondern lieber *mehr Obst* essen.

3. *Statt Kartoffeln* solltest du *lieber mehr Cornflakes* essen.

2.5 Kurz und gut erholt?

Haben Sie ein paar Tage Zeit für einen Zwischenurlaub, Vorurlaub, Nachurlaub, Resturlaub, Sonderurlaub, Testurlaub, Vorschußurlaub, Verlängertes-Wochenende-Urlaub oder irgendeinen anderen Miniurlaub? Machen Sie es aber nicht wie Herr Balduin Streß!

1. *Kaum daß* er aus der Bahn *ausgestiegen ist, mietet* er sich schon ein Bauernhaus.
2. *Kaum daß* er in das Bauernhaus *eingezogen ist, zieht* er schon wieder *aus* und *fährt* ans Meer zum Segeln.
3. *Kaum daß* er …

Setzen Sie fort, und beschreiben Sie die hektische 13-Stationen-Urlaubsreise von Herrn Balduin Streß bis zum unverhofften Ende.
Beschreiben Sie seine tragische Reise auch in der Vergangenheitsstufe: „Kaum daß er aus der Bahn ausgestiegen war, mietete er sich schon ein Bauernhaus."

Die Stationen der Reise:

1. Herr Balduin Streß mietet ein Bauernhaus.

2. Er fährt ans Meer zum Segeln.

3. Er geht schwimmen.

4. Er fährt mit dem Dampfer aufs Meer hinaus.

5. Er spricht eine schöne Frau am Strand an.

6. Er besichtigt eine Burg.

7. Er schaut sich noch eine Burg an.

8. Er steigt einen Berg zu einem Schloß empor.

9. Er betrachtet zusammen mit der schönen Dame von einem Berg aus die Landschaft.

10. Er besucht eine Kirche.

11. Er spielt mit seiner Urlaubsbekanntschaft Golf.

12. Er bringt ihr das Schwimmen bei.

13. Er nimmt an einer Weinprobe teil.

14. Er findet bei einem Eisenbahnunglück den Tod.

2.6 Kontaktaufnahme

1. Jedem Schüler wird ein Buchstabe (von A bis N) oder eine Zahl (von 1–13) zugewiesen. Jeder erhält außerdem die Bildvorlage.

2. Jetzt werden beliebige Kombinationen von jeweils einem Buchstaben und einer Zahl aufgerufen, z.B. F 10. Wer den Buchstaben F hat, muß ein Gespräch mit dem Schüler beginnen, der die Zahl 10 hat. Beide müssen sich an die Rollen halten, die die Zeichnungen zu erkennen geben.

Beispiel:
F: Was hast du denn für eine komische Frisur?
10: Besser als alt und mit Bart und Brille.

3. Wenn Sie Lust haben, können Sie die Gespräche auch weiter ausgestalten. Beachten Sie dabei die Anredeform.

4. Denken Sie an folgende Anlässe der Kontaktaufnahme:

Wunsch	Bitte	Auskunft	Kauf	Verkauf	Auftrag
Beschwerde	Interview	Flirt	Dank	Lob	Glückwunsch

2.7 Wer reitet, leidet

Welche Ausrufe passen zu welcher Zeichnung? Doppelnennungen sind möglich.

Oskar, der freundliche Polizist

Schneller!

Los!

Stop!

Komm sofort zurück!

Langsam!

Biest, verdammtes!

Hilfe!

Kommst du wohl!

Ruhig!

Spring!

Halt!

Warte!

Brav!

Zeig, was du kannst!

Mir nach!

Verbinden Sie Ausrufe und Bilder, die zusammenpassen.

WINTER 1989–1990

★★★ außergewöhnlich gut
★★ sehr gut
★ gut

	FRANKREICH								ITALIEN
	L'ALPE d'HUEZ	LES ARCS	AVORIAZ	CHAMONIX	LES MENUIRES	SUPERBAGNERES-LUCHON (NEU)	TIGNES VAL-CLARET	VAL d'ISERE (NEU)	SESTIERE
Internationale Clubsprache	*	*	*	*	*	*	*	*	*
Clubsprache	F D GB	F D GB	F D GB	F D GB	F D GB	F D GB	F D GB	F D GB	F D GB
Höhenlage	1850	2000	1800	1000	1700	1880	2050	1850	2000
Clubdorf im Zentrum der Station ♥ / außerhalb der Station ○	○♥	○♥	♥	♥	♥	○♥	♥	♥	♥
Anzahl der Skilifte	82	68	34	21	47	17	106	106	35
Höhe der Lifte von:	1450	800	1160	1050	1370	1440	1560	1560	1509
bis:	3300	3226	2330	3275	2833	2260	3300	3300	2823
Ski alpin für Anfänger	★★★	★★	★★★	★★★	★★★	★★	★★	★★	★★★
Ski alpin für Fortgeschrittene	★★★	★★★	★★★	★★★	★★★	★★★	★★★	★★★	★★★
Ski alpin für erfahrene Läufer	★★★	★★★	★★★	★★★	★★★	★	★★★	★★★	★★★
Monoski: Einführungskurse	●	●	●	●	●		●	●	●
Surf: Einführungskurse	●	●	●		●				
Langlauf für Anfänger und Fortgeschrittene					★★	★★			
Langlauf für erfahrene Läufer									
Tiefschneewanderungen/ Spaziergänge				●					
Lehrgang Ski alpin – Ski Langlauf Wettkampf	●			●			●		●
Höhenrestaurant				●					
GRUNDIG-Video-Aufzeichnungen	●	●	●	●	●	●	●	●	●
Eislauf	●□			●○			●○	●○	●○
Schwimmbad	●			●○	●○			●○	
EDV-Atelier	●			●					
Baby-Club bis zu 4 Jahren ab				4 Mon.					
Mini-Club bis zu 10 Jahren ab	4 Jahre	4 Jahre	4 Jahre	4 Jahre	4 Jahre	4 Jahre	6 Jahre		4 Jahre
Kid's-Club bis zu 12 Jahren ab	10 Jahre	10 Jahre	10 Jahre	10 Jahre	10 Jahre	10 Jahre	10 Jahre		10 Jahre
Skieinführungskurse ab	4 Jahre	4 Jahre	4 Jahre	4 Jahre	4 Jahre				
Skischule ab	6 Jahre	6 Jahre	6 Jahre	6 Jahre	6 Jahre	4 Jahre	6 Jahre		4 Jahre

□ Keine Club Med-Einrichtungen, jedoch kostenlos für Club Med-Gäste

Rollenspiel:

1. Die eine Hälfte der Klasse übernimmt die Rolle von Reisebüroangestellten, die andere die Rolle von Winterurlaubern.

2. Das „Reisebüro" hat den Prospekt „Schneedörfer 1990" mit den Symbolen und Zahlenangaben. Die „Winterurlauber" haben den gleichen Prospekt, jedoch ohne diese Informationen.

3. Die „Winterurlauber" einigen sich auf ein Schneedorf als Urlaubsziel und holen dazu Informationen im „Reisebüro" ein. Die Stichwörter und Symbole der Tabelle müssen dabei in allen Fragen und Antworten in ganze Sätze umgeformt werden.

> ### Beispiel:
> *Frage:* Wie hoch liegt das Schneedorf Chamonix?
> *Antwort:* Chamonix liegt 1000 Meter hoch.
> *F:* Können Sie uns sagen, wie viele Skilifte es dort gibt?
> *A:* Leider nur 21.
> *F:* Hat das Schneedorf auch einen Baby-Club?
> *A:* Leider nicht, aber es hat einen Mini-Club für Kinder von 4 bis 10 Jahren.
> usw.

4. Nach jeder Runde können die Gruppen die Rollen wechseln.
   In jeder Runde sollte jeder Schüler einmal an die Reihe kommen. Es dürfen auch Fragen gestellt werden, die sich nicht mit Hilfe der Tabelle beantworten lassen. Dann muß das „Reisebüro" flexibel reagieren.

Hier sind einige sprachliche Hilfen für die Angestellten des Reisebüros:

Das Dorf	liegt	in …
	befindet sich in …	
	verfügt	über …
	bietet	dem Gast …
		dem Urlauber …
		dem Wintersportler …
	ist geeignet für …	
	weist … auf.	
	empfiehlt für	den Abend …
		die Unterhaltung …
	zeichnet sich aus durch …	

Sie dürfen natürlich auch eigene Formulierungen verwenden.

2.9 Heimwerker sind stärker

Welches Werkzeug paßt zu welcher Tätigkeit?

Werkzeuge:

1. der Zollstock
2. der Quast
3. das Gitter
4. die Farbrolle
5. der Nagel
6. der Hammer
7. die Rohrzange
8. der Bleistift
9. der Dübel
10. der Schraubenzieher
11. die Kneifzange
12. die Kombizange
13. der Hobel
14. der Pinsel
15. der Eimer
16. die Säge
17. die Wasserwaage
18. der Spaten
19. die Schubkarre
20. der Schraubstock
21. die Bohrmaschine
22. das Teppichmesser
23. der Spachtel
24. die Schaufel
25. die Betonmisch-maschine
26. die Kabelrolle

Beispiel: a) Gib mir doch bitte den Hobel. Ich *möchte* das Brett glatt *machen*.
b) Ich brauche unbedingt den Hobel, *damit* ich das Brett glatt *machen kann*.

Passen Sie auf. Manchmal braucht man auch mehrere Werkzeuge.

Tätigkeiten:

- das Brett glatt machen
- den Wasserhahn auswechseln
- das Regal zusammenschrauben
- das Fenster streichen
- das Gardinenbrett befestigen
- das Bild aufhängen
- die Bildhöhe markieren
- die Nägel aus dem Brett ziehen
- die Farbrolle abstreifen
- den Nagel in die Wand schlagen
- die Schrankbreite messen
- das WC reparieren
- ein Kinderbett zimmern
- die Küche malen
- die Kommode auseinandernehmen
- die Maschine anschließen
- den Mörtel mischen
- die Teppichauslage zuschneiden
- die Löcher bohren
- den Garten umgraben
- die Farbe anrühren
- den Sand in die Schubkarre schaufeln
- das Eisenstück festklammern
- die Gartenabfälle wegfahren
- die gemauerte Wand überprüfen
- Wasser holen
- das Loch vergipsen
- die Bretter zuschneiden
- den Leim auftragen

2.10 Was war mit 95?

1. Suchen Sie sich von den 24 Bildern acht aus, die Ihnen besonders gefallen.
2. Notieren Sie die Buchstaben dieser Bilder in alphabetischer Reihenfolge.
3. Notieren Sie sich acht Zahlen zwischen 1 und 100.
4. Schauen Sie sich die acht ausgewählten Bilder genau an. Schreiben Sie zu jedem Bild einen Satz.
   Die Zahlen, die Sie ausgewählt haben, stehen für verschiedene Lebensalter. Die Bilder zeigen Ereignisse aus Ihrem Leben. Stellen Sie sich jetzt vor, daß Sie hundert Jahre alt sind und auf ein langes, aufregendes Leben zurückblicken.

5. Tragen Sie Ihre Zahlen in die Tabelle ein.
6. Schreiben Sie nun mit Hilfe der vorgegebenen Ausdrücke auf, was in Ihrem Leben passiert ist.
7. Lesen Sie nun den „Lebenslauf" im Zusammenhang vor.

Beispiel:

Als Fünfjährige fiel ich ins Wasser.

Als ich 14 war, schenkte mir mein Vater ein Schaf zum Geburtstag.

Mit 37 Jahren hatte ich meinen ersten Autounfall.

Im Alter von 55 Jahren durfte ich auf einem Elefanten reiten.

Ich war 62 Jahren, da schrieb ich einen Kriminalroman.

Mit 70 Jahren beschloß ich, nie wieder zu telefonieren.

Als Achtzigjährige(r) machte ich noch eine Reise nach Marokko.

Im Alter von 85 Jahren wagte ich mich noch in ein Riesenrad.

Sie können die Eintragungen in die Tabelle auch dazu benutzen, Ihren Mitschülern die Zukunft vorherzusagen. Sie dürfen natürlich nur die Zahlen verwenden, die höher sind als deren augenblickliches Lebensalter.

Die ausgefüllten Tabellen mit den Lebensläufen werden eingesammelt, vermischt und neu verteilt, damit die Zukunft auch wirklich Überraschungen bringt.

Beispiel:

Mit 37 Jahren wirst du deinen ersten Autounfall haben.

Im Alter von 55 Jahren darfst du auf einem Elefanten reiten.

Mit 62 Jahren schreibst du einen Kriminalroman.

Mit 70 Jahren wirst du beschließen, nie wieder zu telefonieren.

Als Achtzigjährige(r) wirst du noch eine Reise nach Marokko machen.

Im Alter von 85 Jahren wirst du dich noch in ein Riesenrad wagen.

Was war mit ... ?

5	Mit 5 Im Alter von 5 Jahren Als Fünfjährige(r) Als ich 5 war, Ich war 5, da	fiel ich ins Wasser.		
31	Ich war 31, da verliebte ich mich in einen Studenten.			
			95	

3 Macht der Gewohnheit

3.1 Gewohnheitstiere

Sie haben folgende sprachliche Möglichkeiten zu sagen, daß jemand etwas immer wieder tut, wie z.B. Sekretärin Belinda Bellmann auf den Bildern.

a) Sie *pflegt* um sieben Uhr *aufzustehen*. („pflegen" + Infinitiv)

b) Sie *steht gewöhnlich* um sieben Uhr *auf*. (Adverb „gewöhnlich")

c) Sie *hat sich daran gewöhnt*, um sieben Uhr *aufzustehen*. („sich an etwas gewöhnt haben" + Infinitivsatz)

d) Sie *hat die (An)Gewohnheit*, um sieben Uhr *aufzustehen*. („die (An)Gewohnheit haben" + Infinitivsatz)

e) Sie *ist es gewohnt*, um sieben Uhr *aufzustehen*. („etwas gewohnt sein" + Infinitivsatz)

Üben Sie diese Möglichkeiten nicht nur anhand von Belinda Bellmanns Tagesablauf, sondern auch mit folgenden Gewohnheiten:

1. Herr Sand ißt jeden Dienstag Spaghetti.
2. Seine Frau nimmt nie Zucker und Milch zum Kaffee.
3. Sabine besucht ihre Eltern nur dreimal im Jahr.
4. Herr Tanner beobachtet seine Nachbarn mit einem Fernglas.
5. Pünktlich am 1. April macht Frau Bolte Frühjahrsputz.
6. Vor Mitternacht kommt Sebastian nie nach Hause.
7. Marlene geht alle vierzehn Tage zum Friseur.
8. Herr Brock nimmt regelmäßig Akten mit nach Hause.
9. Günter wird rot, wenn ihn jemand ansieht.
10. Zu Weihnachten schenkt seine Frau ihm Socken und Krawatten.
11. Am liebsten ißt die Familie Kürschner in einem China-Restaurant.
12. Vaters Schreibtisch ist immer aufgeräumt.
13. Mein Bruder hat immer eine eigene Meinung.
14. Frau Bertram sitzt gerne nachmittags im Café Astoria.

3.2   Haben Sie noch nie ...?

Schauen Sie sich die neun Karikaturen auf der nächsten Seite an. Formulieren Sie dann zu jedem Bild einen Ausspruch, in dem ein doppelter Akkusativ und ein doppelter Infinitiv vorkommen.

Hast du		
Habt ihr	noch nie	einen Affen Handstand machen sehen?
Haben Sie		

Zur Not dürfen Sie eine andere Konstruktion verwenden.

3.3 Ent Be lastungen der EHE

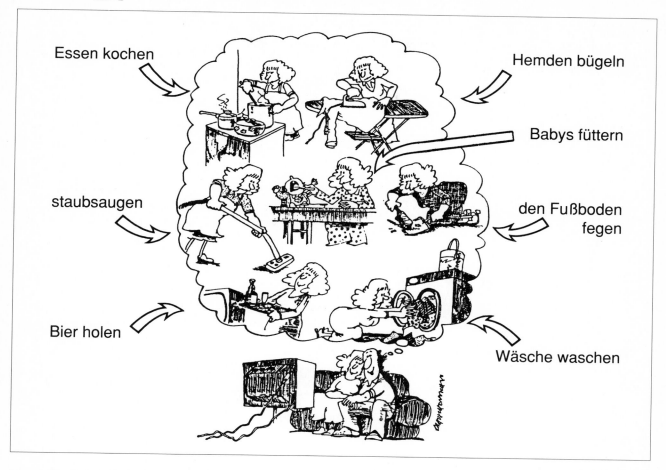

Essen kochen

Hemden bügeln

staubsaugen

Babys füttern

den Fußboden fegen

Bier holen

Wäsche waschen

Herr Glotze ist sehr mit seinem Leben zufrieden, nicht aber Frau Glotze. Ab und zu ist ihr alles zuviel. Dann protestiert sie:

> *Muß* ich denn immer das Essen kochen?!
> *Kannst* du nicht auch mal staubsaugen?!
> *Soll* ich denn mein ganzes Leben lang nur Hemden bügeln?!

Und der bequeme Herr Glotze entschuldigt sich:

> Ich *kann* nun einmal kein Essen kochen!
> *Muß*
> *Soll* ich nun etwa auch noch Wäsche waschen?!

Setzen Sie andere Beispiele in die Mustersätze ein, und üben Sie sie zu zweit in Mini-Dialogen:

> *Sie:*   *Muß* ich denn immer das Essen kochen?

> *Er:*   *Soll* ich nun etwa auch noch das Essen kochen?!

Legen Sie Wortlisten an.

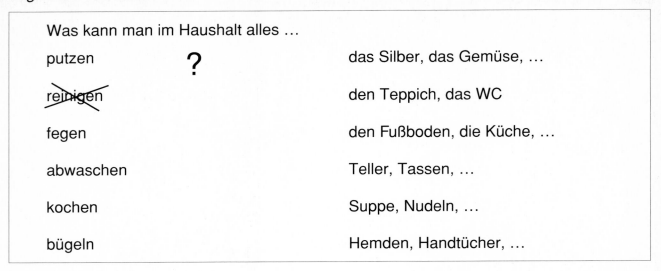

Was kann man im Haushalt alles …

putzen	**?**	das Silber, das Gemüse, …
~~reinigen~~		den Teppich, das WC
fegen		den Fußboden, die Küche, …
abwaschen		Teller, Tassen, …
kochen		Suppe, Nudeln, …
bügeln		Hemden, Handtücher, …

Was kann man mit diesen Dingen im Haushalt alles machen? Ergänzen Sie passende Verben.

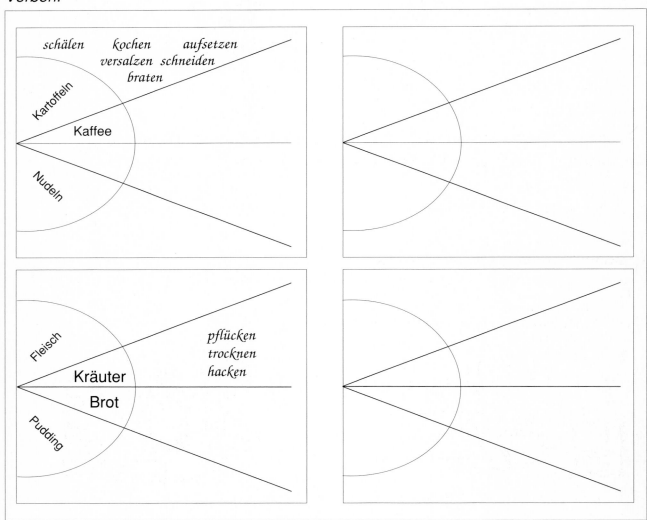

Legen Sie weitere Wortfächer an, und füllen Sie sie aus.

3.4 Abwechslung macht Spaß

Sagen Sie es auf zwei Arten:

a) Jeden Tag Schweinebraten … Das hält auf die Dauer kein Mensch aus.
b) *Ich habe es satt,* jeden Tag Schweinebraten *zu essen.*

Ich habe es satt. Das halt' ich nicht aus.

Formulieren Sie nach dem Muster der beiden obigen Sätze weitere Aussagen, die zu den Bildern passen.

So beklagen sich die Menschen auf den Zeichnungen.

Bild 1

Sie: Mein Mann sitzt jeden Tag vor dem Fernseher.

Er: Meine Frau stört mich immer beim Fernsehen.

Bild 2

Sie: Die Männer bieten einer Dame nie einen Sitzplatz an.

Er: Ausgerechnet in der Hauptverkehrszeit müssen Frauen ihre Einkäufe machen.

Bild 3

Er: Diese Frau geht ständig in der Dienstzeit zum Friseur.

Sie: Die Kollegen machen sich ständig auf Kosten der Frauen lustig.

Bild 4

Er: Immer läßt sie mich abends mit dem Kind allein.

Sie: Wenigstens die paar Stunden am Abend könnte er sich um das Kind kümmern.

Bild 5

Sie: Mindestens zehnmal am Tag muß ich die Treppen bis zum sechsten Stock hinaufsteigen.

Er: Muß Mama mich denn immer auf dem Arm tragen?

Bild 6

Er: Jeden Tag hat der Bus Verspätung.

Sie: Müssen die Männer immer zweideutige Bemerkungen machen?

Bild 7

Sie: Jeden Morgen muß ich das Kind in den Kindergarten bringen.

Er: Immer muß ich in der Karre sitzen.

Üben Sie auch zu zweit:

> *Sie: Ich habe es satt, daß du jeden Tag vor dem Fernseher sitzt.*
> *Er: Und ich habe es satt, daß du mich immer beim Fernsehen störst.*
>
> *Sie: Ich habe es satt, immer in der U-Bahn stehen zu müssen.*
> *Er: Und ich habe es satt, immer das Gemecker der Frauen zu hören.*

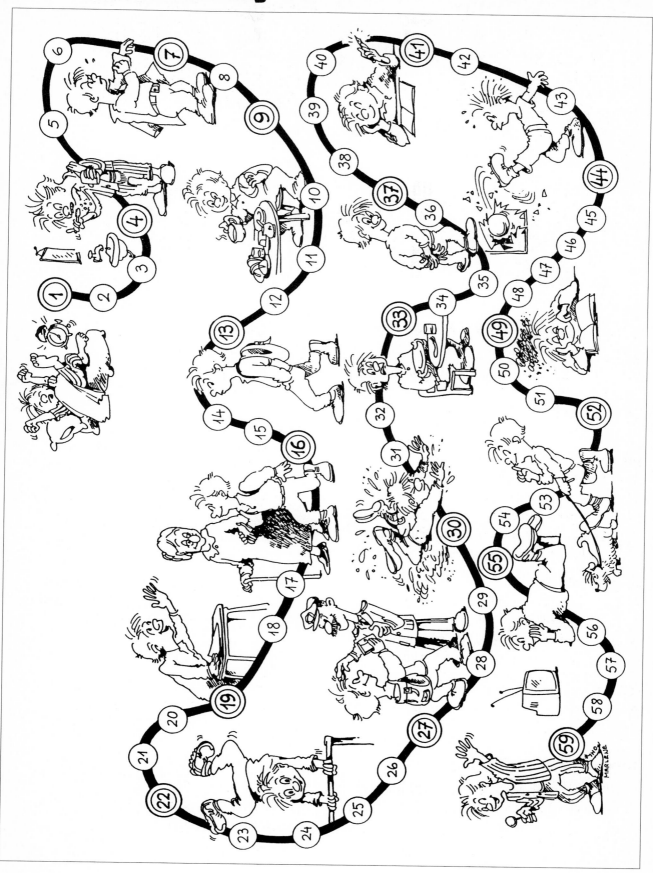

Weil meinen Eltern daran lag, box' ich mich durch den ganzen Tag.

Feld	Tätigkeit	Belohnung / Strafe
4	Ich putze mir morgens die Zähne, weil ich geraucht habe.	Du kannst Geheimnisse für dich behalten. 2 Felder vorrücken.
7	Ich finde meinen Mantel unmodern. Ich ziehe ihn nur an, weil Mama es will.	Du bist ein braves Kind. 3 Felder vor.
9	Heute macht das Frühstück Spaß, weil ich meine Freunde beobachten kann.	Weil du trotzdem satt wirst: noch einmal würfeln!
13	Ich muß in die Schule gehen, weil meine Eltern sie lieben.	Für deine Folgsamkeit: 5 Felder vor.
16	Ich führe eine alte Frau über die Straße, obwohl das Mädchensache ist.	Deine Selbstüberwindung wird belohnt. Um dieselbe Zahl vorrücken.
19	Ich melde mich, obwohl ich gar nichts weiß.	Für soviel Mut: 6 Felder vor.
22	Ich turne gut, weil ich zu Hause auf dem Tisch geübt habe.	3 Sonderpunkte für deinen sportlichen Ehrgeiz.
27	Das Abgeben des gefundenen Portemonnaies fällt mir leicht: Es ist leer!	Im Grunde bist du ehrlich: 2 Felder vor.
30	Ich falle in eine Pfütze, weil ich die Mathearbeit nicht mitschreiben möchte.	Dein Ideenreichtum bewahrt dich vor allem Bösen: noch mal würfeln!
33	Ich habe alles aufgegessen, obwohl es ungesalzen war.	Besser aufpassen! Der Salzstreuer stand vor dir auf dem Tisch. 5 Felder zurück.
37	Meine Hände sind schmutzig, aber ich spare die teure Seife.	Du wirst bestimmt einmal reich. 5 Sonderpunkte!
41	Ich möchte meine Hausaufgaben schreiben. Zum Glück ist mein Füller leer.	Als Trost für deinen guten Willen: 2 Punkte extra.
44	Fenstertore sind viel besser!	Die Glaser haben mehr zu tun: 3 Punkte.
49	Zum Glück bin ich mit der langweiligen Lektüre fertig.	1 mal mit Würfeln aussetzen, damit du dich erholen kannst.
52	Ich gehe freiwillig mit dem Hund spazieren. So kann ich heimlich meine Freundin treffen.	Das ist Vergnügen genug. Gib 6 Punkte wieder ab!
55	Meine Eltern sind ausgegangen. Endlich kann ich fernsehen, solange ich will.	Damit du noch länger fernsehen kannst – zurück auf 42!
59	Ich verdiene ein schönes Geschenk, weil ich mir immer solche Mühe gebe.	Ja: 2 Tage Stubenarrest, weil du immer so freche Antworten gibst.

Und so wird gespielt: 1. Zwei Gruppen spielen gegeneinander. 2. Innerhalb der Gruppe wandert der Würfel von einem Spieler zum anderen. Derjenige, der auf ein Ereignisfeld stößt, liest vor, was dort steht, oder beschreibt die Tätigkeit mit eigenen Worten. Ein vorher bestimmter Spielleiter gibt die Belohnung oder Bestrafung bekannt (abgelesen oder selbst ausgedacht).

1. Ihre Familie will sich ein Haustier anschaffen. Zur Wahl stehen acht Tiere. Kennen Sie ihre deutschen Namen?
2. Für welches Tier würden Sie sich spontan entscheiden? Begründen Sie Ihre Wahl.
3. Bevor Sie sich endgültig für ein Tier entscheiden, sollten Sie sich darüber im klaren sein, was Sie erwartet. Vergleichen Sie den Aufwand, den die acht Haustiere erfordern, und entscheiden Sie sich dann erneut.

	Unterbringung	Nahrung	Pflege	Kosten	mögliche Probleme
1. Hunde Ein Hund braucht täglich Auslauf, er braucht einen Futternapf, eine Schlafstätte, ein Halsband und eine Leine. Ein großer Hund braucht mehr Auslauf als ein kleiner. Für eine Kleinwohnung sind kleinere Hunde zu empfehlen. Z.B. Terrier, Spaniel, Dackel, Pudel usw.					
2. Katzen Eine Katze sollte mindestens 7 Wochen alt sein. Eine Katze braucht ein Körbchen mit einer weichen Decke, einem Handtuch oder Kissen; ein Katzenklo, das heißt: ein flaches Kunststoffkästchen, das täglich gesäubert und mit Katzenstreu aufgefüllt werden muß. Die Katze gewöhnt sich schnell daran, dieses Kästchen zu benutzen.					
3. Papageien Ein Papagei, der sprechen kann, ist schon etwas Tolles. Große und bunte Papageien sind besonders begehrt, aber auch teuer. Nehmt lieber einen Wellensittich. Er liebt Gesellschaft und ist schnell zahm. Wenn sich der Wellensittich an seine Umgebung gewöhnt hat, könnt ihr mit dem Sprechunterricht beginnen. Fangt mit einem möglichst einfachen Wort an, zum Beispiel „Hallo". Wenn er das sprechen kann, kommt das nächste Wort dran.					
4. Landschildkröten Landschildkröten sind genügsame Hausgenossen, die jedoch ihre Pflege brauchen. Als Behausung dient eine nicht zu kleine Holz- oder Kunststoffkiste. Der Boden der Kiste wird mit Vogelsand bedeckt; eine Schale Wasser stellt ihr hinein und viel Grünzeug, Salat usw. Wichtig ist auch noch ein Versteckplatz, eine Kiste Korkeiche, eine ausgebrochene Tonschale oder etwas ähnliches.					
5. Zierfische Zierfische sind in ihren Lebensbedingungen sehr verschieden. Schon die Beckeneinrichtung soll den Lebensansprüchen von Tier und Pflanze entsprechen. Es ist gut, wenn das Becken eine lange Form hat. Als Anfänger solltet ihr euch auf eine Fischfamilie in mehreren Exemplaren je Art beschränken, das erleichtert die Pflege und ist auch für die Fische günstiger.					
6. Kaninchen Hier wird in erster Linie an einen Zwerghasen gedacht, den man wie ein Meerschweinchen bequem in der Wohnung halten kann. Beim Kauf des Zwerghasen achtet man genau darauf, daß das Tier kleine Ohren hat. Ein Zwerghase kann in einer großen Kiste mit Sand und Heu wohnen. Ein Zwerghase frißt am liebsten Möhren, Salat, Kohl, Rüben, Löwenzahn, Äpfel usw. Vergeßt nicht, ihm auch immer etwas Wasser hinzustellen, besonders wenn er viel Trockenfutter frißt.					
7. Meerschweinchen Das Meerschweinchen ist eines unserer ersten Haustiere. Es gibt kurzhaarige und struppige Meerschweinchen. Die Fellfarbe variiert von Schwarz, Hellbraun, Elfenbeinfarben, Schokoladenbraun usw. Die Haltung und Fütterung des Meerschweinchens ist ähnlich wie beim Zwerghasen. Es ist ein strenger Vegetarier, ihm schmecken alle Gemüsesorten. Das Meerschweinchen ist leicht zu halten.					
8. Laubfrösche Die Laubfrösche sind in mehreren hundert Arten über die ganze Welt verbreitet. Sie leben meist auf Bäumen und Sträuchern. Man sollte sie in einen hohen, luftigen Behälter mit Astwerk und Rankenpflanzen setzen. Als Futter eignen sich alle Insekten, die von den kleinen Fröschen bewältigt werden können (Fliegen, Mücken). Der Laubfrosch hält, wie fast alle Terrarientiere, einen Winterschlaf. Wenn ihr im Spätherbst merkt, daß der Frosch unruhig wird, ist die Zeit des Winterschlafs gekommen. Ihr füllt eine Holzkiste mit einem Gemisch aus Moos, grob gesiebter Walderde und Torfbrocken.					

Die Angaben im Kreis helfen Ihnen beim Raten.

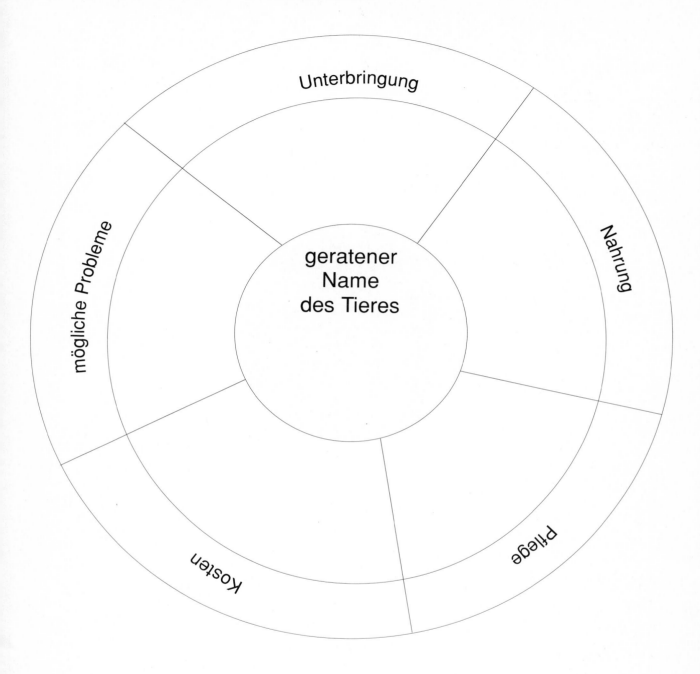

1. Das Spiel bringt mehr Spaß, wenn Sie sich seltene Tiere ausdenken, z.B. „Elefant",
   „Ameise", „Haifisch", „Riesenschlange", „Skorpion".

2. Die Beschreibung in den fünf Feldern muß so genau sein, daß man das gemeinte Tier
   auch raten kann.

3. Zwei Gruppen spielen gegeneinander. Jede Gruppe muß dieselbe Zahl von Tieren nach
   den Angaben der Gegnergruppe raten.

4. Gewonnen hat die Gruppe, die zuerst alle Tiere geraten hat.

3.7 Wozu leben Sie eigentlich?

1. Um zu arbeiten?

Herr Piehl rechnete 50 Jahre lang Zahlen zusammen. Fleißig, fleißig.

Frau Ems hat Woche für Woche Haushalt und Messingschild blank gehalten. Lebenslänglich.

Herr Kleinknecht hat sich für Betrieb, Bundesverdienstkreuz und Herzinfarkt aufgearbeitet. Brav.

Also – leben Sie, um Arbeitstier zu sein? Oder:

2. Um das Leben zu genießen?

P. P. stellte auf der Höhe des Erfolges fest: Du kannst doch nie mehr essen, als bis du satt bist. Keine Befriedigung.

B. H., Multimillionärin, versuchte, 8 Ehemänner zu konsumieren. Kein Glück.

R. Pinelli, weltreisender Playboy, versuchte, alles mitzumachen, was nur geht. Selbstmord mit 35 Jahren.

Möglichst viel konsumieren. Die Glücksformel?

3. Um mehr Ansehen zu erringen?

Familie Schön hat ein größeres Auto und Haus als die Nachbarn. Dafür schuften sie von früh bis spät.

Betty O., Fotomodell, lebt nur für ihre Schönheit. Nach 10 Jahren Hungerkur rauschgiftsüchtig.

Dr. F. herrscht endlich als Hauptvorstand. Mit chronischem Magengeschwür.

Ehrgeiz befriedigen. Ist das alles?

4. Um Mensch zu sein?

Das Leben ist eine tolle Gelegenheit. Aber viele versäumen sie. Als Arbeitstier, Konsument, Ehrgeizler.

Sie sind Mensch auf dieser Welt. Sie können denken und fühlen, wie sonst kein anderes Wesen. Schweine z.B. sind ganz anders.

Ergreifen Sie diese einmalige Gelegenheit: Leben Sie wirklich als Mensch auf dieser Erde! Mit Herz und Verstand.

Herr Piehl lebte, *um* 50 Jahre lang Zahlen *zusammenzurechnen.*
um fleißig *zu sein.*

Und Frau Ems, Herr Kleinknecht, P.P., R. Pinelli, Familie Schön, Betty O., Dr. F. und all die anderen – wozu lebten sie?

Und Sie selbst – wozu leben Sie?

Sagen Sie es so:

Ich lebe, *um* Infinitivsätze *zu bauen.*

Führen Sie Scheininterviews mit den in der Anzeige genannten Personen.

Der Befragte soll sich und sein nach Ansicht des Interviewers „vertanes" Leben rechtfertigen oder einsehen, daß er sein Leben falsch gestaltet hat.

Beispiel:

Interviewer: Herr Piehl, haben Sie sich eigentlich nie gefragt, ob es sich gelohnt hat, fünfzig Jahre lang Zahlen zusammenzurechnen?

Herr Piehl: Auf jeden Fall. Sonst wäre unsere Firma schon längst bankrott.

Oder: Doch. Ich war immer fleißig. Und was habe ich davon gehabt? Als ich länger krank war, hat mich mein Chef sofort entlassen.

Die Jungen werden später alles besser machen. Sie wissen schon jetzt: „Ich möchte nicht leben, nur um fünfzig Jahre lang Zahlen zusammenzurechnen."

Formulieren Sie Slogans für eine sinnvolle oder zweifelhafte Lebensgestaltung. Die Anzeigenbeispiele geben Ihnen Anregungen.

sinnvoll:	Ein Leben für	die anderen
		die Gerechtigkeit
		die bedrohte Tierwelt
zweifelhaft:	Ein Leben für	die Buchhaltung
		die Sauberkeit
		das Bundesverdienstkreuz
		schnelle Autos

4 Kleine Schönheitsfehler

4.1 Hoch hinaus

Jedem ist hier etwas zu ....
Lassen Sie die Personen auch selbst zu Wort kommen.

zu

klein
lang
niedrig
dünn
leer

zu

groß
kurz
hoch
dick
voll

Der Helm ist dem Rekruten zu klein.

4 „Laß uns gehen. Hier ist es mir zu voll!"

1. Ergänzen Sie die Sätze nach den Abbildungen:

		ist		dem Sohn	zu dick.
Bild 1	Der Vater			dem Vater	zu dünn.
Bild 1	Der Sohn			der Schwiegermutter	
Bild 2	Die Krawatte			dem Schwiegervater	
Bild 2	Der Pullover			dem Rekruten	
Bild 3	Der Helm				
Bild 3	Die Hose				
Bild 4	Der Saal				
Bild 4	Die Luft				
Bild 5	Der Schreibtisch				
Bild 6	Das Sofa				
Bild 7	Das Bett				
Bild 8	Der Tanz				
Bild 8	Die Dame				
Bild 8	Der Tänzer				

2. Er/Sie sagt:

Entschuldige, aber du bist mir *zu dick!*	*Einen so dicken Vater* möchte ich nicht haben.
Entschuldige, aber du bist mir *zu dünn!*	*Einen so dünnen Sohn* kann ich nicht leiden.
...	*Eine so teure Krawatte* kaufe ich nie wieder.
...	*Einen so kleinen Pullover* solltest du nicht tragen.
usw.	

Die Äußerungen können auch frei formuliert sein. Im jeweils ersten Satz muß aber ein Dativ vorkommen, und der zweite Satz muß mit einem Akkusativ beginnen und eine Negation enthalten.

4.2   Vorspiele

Manchmal durchschauen Frauen den Mann ihrer Träume zu spät.

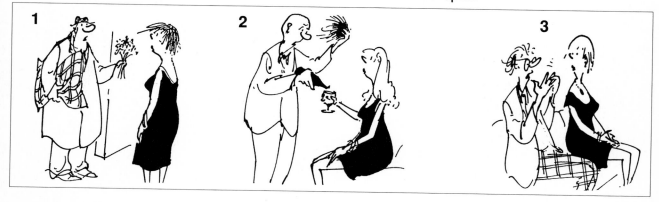

1. Was sagen sie, als ihnen die Augen geöffnet werden?

Ich *konnte ja nicht* ahnen, daß Sie …   Sonst *hätte* ich …

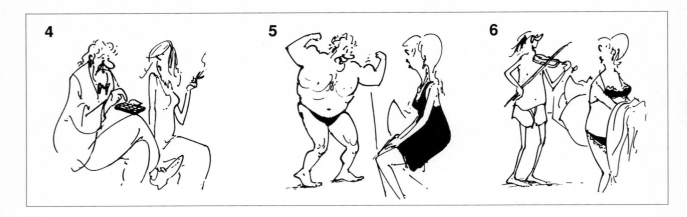

2. Bauen Sie die folgenden Aussagen in das vorgegebene Satzmuster ein:

Bild 1: Er hat keine eigene Wohnung.
Ihre Wohnung ist zu klein.
Er will bei ihr übernachten.

Sie: Ich konnte ja nicht ahnen, daß Sie keine eigene Wohnung haben, *sonst hätte* ich Sie nie eingeladen.

Er: Ich konnte ja nicht ahnen, daß Ihre Wohnung zu klein ist, *sonst hätte* ich Sie gar nicht erst gefragt, ob Sie meine Frau werden möchten.

Sie: Ich konnte ja nicht ahnen, daß Sie bei mir übernachten wollen, *sonst hätte* ich Sie gar nicht reingelassen.

Bild 2: Sie mag keine Männer mit Toupet.
Die Haare sind nicht echt.

Bild 3: Er kann nicht bis drei zählen.
Sie hat schon drei Freunde.
Er ist schon verheiratet.

Bild 4: Er ist bankrott. Er hat nicht genug Geld, um sie zum Essen einzuladen.

Bild 5: Er hat starke Muskeln.
Sie mag keine starken Männer.

Bild 6: Sie ist völlig unmusikalisch. Ihm ist die Geige wichtiger als die Liebe.

3. Welche Antwort paßt zu welchem Bild?

„Auf … kann ich verzichten!"

deine Muskeln	deine Blumen	dein Geld	dein Talent
deine Geheimnisse	deine Ehrlichkeit	deinen Antrag	deinen Besuch
meinen Anteil	deine Gegenwart	diese Kostprobe	deine Gesellschaft
dein Mitleid	deine Tränen	deine Intelligenz	deine Komplimente

4.3 Nobody is perfect

die Schlucht – breit – schmal

Suchen Sie nach anderen Möglichkeiten, die zu den Bildsituationen passen.

4.4   Was ist denn los mit ...?

Die angekreuzten Personen (x) drücken ihr Befremden über eine Veränderung aus:
„Was ist denn ... los?"

Sie könnten auch sagen:
„Was hast du denn schon wieder mit ... gemacht?"

1. *Reagieren Sie mit Hilfe des vorgegebenen Satzmusters auf die folgenden Situationen:*

Bild 1: Fredy hat sich eine neue Frisur zugelegt.

„Was ist *denn* mit deinen Haaren los?!"

Oder: „Was hast du *denn schon wieder* mit deinen Haaren gemacht?"

Bild 2: Fredy hat einen ganz roten Hals.

Bild 3: Die neue Hose ist viel zu weit.

Bild 4: Fredy kann die einfachsten Aufgaben nicht lösen.

Bild 5: Fredy hat Flecken im neuen Pullover.

2. *Denken Sie sich weitere Situationen aus, und reagieren Sie darauf mit den vorgegebenen Strukturen.*

- Hanna hat sich die Fingernägel lackiert.
- Rudi hat sich Löcher in die Jeans geschnitten.
- Benno hat sich grüne Farbe ins Haar gespritzt.
- Angela hat Schlitze in ihren Rock geschnitten.
- Hendrik hat Kleckse in sein Hausheft gemacht.
- Beates Fahrrad ist verbogen.
- Erich hat ein Gipsbein.
- Norbert hat ein blaues Auge.
- Tina hat verweinte Augen.
- Torstens Hund hinkt.
- Gabrielas Finger blutet.
- Karins kleine Schwester weint.
- Huberts Freundin spricht nicht mit ihm.

4.5 Gelegenheitskäufe

1. Was haben die Kunden gekauft?
2. Welche Mängel haben sie beim Kauf übersehen?

Günstig eingekauft!

In den drei Rubriken finden Sie Material zu Dialogen, die nach „Gelegenheitskäufen" stattfinden könnten. Sie müssen die Aussagen aber so zusammenstellen, daß sie inhaltlich zusammenpassen.

A ist stolz auf den Gelegenheitskauf	B ist nicht begeistert	A erkennt den Fehler oder verteidigt den Kauf.
– ein Farbfernseher – eine Trittleiter – ein Fernglas – eine Dusche – eine Bluse – 10 Rollen Tapete – französisches Parfum – ein Gebrauchtwagen – 3 Dosen Rinderrouladen – eine Kiste Insektenspray – ein Freizeitanzug für die kalte Jahreszeit – für nur … Mark! – fast geschenkt! – zu einem lächerlich niedrigen Preis! – war ganz stark herabgesetzt! – um … % reduziert! – unglaublich preiswert! – eine einmalige Gelegenheit! – spottbillig! – hat uns schon immer gefehlt!	– Da haben sie dich aber wieder reingelegt. – Der hat ja gar keine Bildröhre mehr. – Du möchtest dir wohl das Genick brechen. – Na ja, wenn du endlich mal Diät hältst, vielleicht. – Leider sind inzwischen schon 12 Jahre vergangen. – Eine geniale Erfindung für Wasserscheue. – Die teuerste Verpackung deines Lebens. – Ist wohl ein besonders energiesparendes Modell. – Ist wohl so eine Art Astronautenausrüstung. – Das reicht bis an unser Lebensende. – Da steht ja alles kopf. – Neuer Rekord. Das letzte Mal blieben sie noch eine halbe Stunde an den Wänden, diesmal nur 10 Minuten.	– Verdammt! Daran habe ich gar nicht gedacht. – Ach du liebe Güte! Jetzt sehe ich das auch. – Hätte ich doch bloß besser aufgepaßt. – Das nächste Mal guck' ich genauer hin. – Dafür war's aber auch wirklich billig! – Ist vielleicht gar nicht so schlimm. – Wenn man nicht genau hinsieht, merkt man das gar nicht. – Schenken wir Tante Emilia (Onkel Anastasius) zum Geburtstag. Für die (den) ist das immer noch gut genug. – Aber du sagst doch immer, ich soll die Sonderangebote wahrnehmen!

A: Ich habe einen tollen Gelegenheitskauf gemacht. Eine ganze Kiste Insektenspray *für nur 60 Mark!*

B: Da haben sie dich aber wieder reingelegt. Das reicht bis an unser Lebensende.

A: Aber du sagst doch immer, ich soll die Sonderangebote wahrnehmen!

4.6　Direkte Defekte

Beschreiben Sie, was hier fehlt. Schreiben Sie die Wörter für die fehlenden Teile an die Bilder.

(m./n.)	*Dem Stuhl*	fehlt	*ein …*		(f.)	*Der Brille* fehlt	*ein …*

Und die Folgen?

Wenn *dem Stuhl …*　　fehlt, kann … nicht …

„Was ist eigentlich passiert?"　　　„Das Stuhlbein ist abgebrochen."

1. dem Stuhl fehlt ein Bein
2. dem Vogel – der Schnabel
3. dem Elefanten – der Rüssel
4. der Brille – ein Bügel
5. dem Rad – Speichen
6. dem Hund – der Schwanz
7. dem Pullover – ein Ärmel
8. dem Hammer – der Stiel
9. dem Dampfer – der Schornstein
10. der Lampe – der Stecker
11. der Blume – der Stengel
12. der Milchflasche – der Schnuller
13. der Mütze – der Schirm
14. dem Regenschirm – der Griff
15. dem Schuh – die Sohle
16. dem Baum – die Krone
17. dem Messer – der Griff
18. der Kanne – der Henkel
19. den Nägeln – Köpfe
20. dem Flugzeug – eine Tragfläche
21. dem Mann – die Nase
22. dem Mann – die Worte

Bestimmter, unbestimmter oder kein Artikel?

Finden Sie die Regel:
Wenn nur eines von mehreren gleichen Dingen fehlt, steht der … Artikel.
Wenn es das fehlende Ding nur einmal gibt, steht der … Artikel.
Wenn von mehreren Dingen mehrere fehlen, steht der … Artikel.

Welches Beispiel weicht von diesen Regeln ab?

4.7　Wem fehlt hier was?

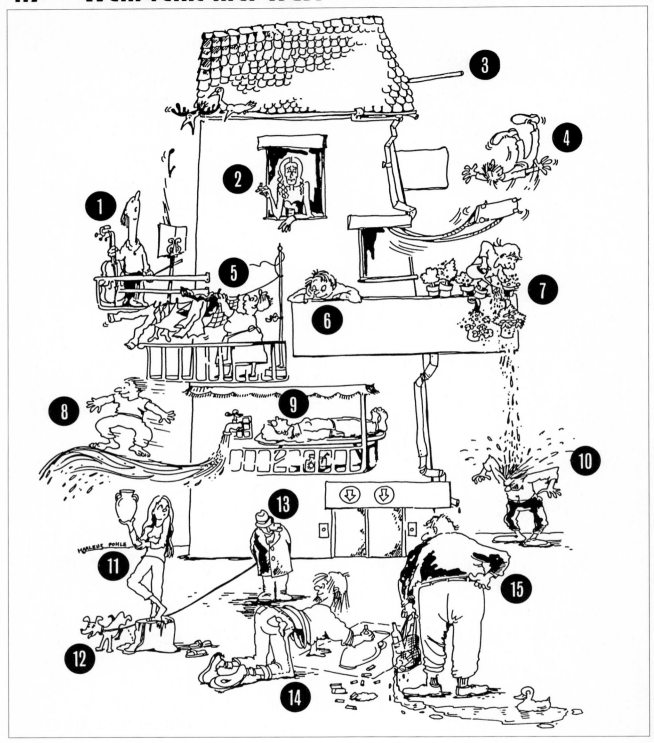

Beispiele:

Nr. 2:　*Der Frau* fehlt *ein Aschenbecher.*　　　Nr. 6:　*Dem Jungen* fehlt *ein Spielplatz.*

Und den anderen Personen auf der Zeichnung? Was fehlt ihnen?
Originelle Ideen sind besonders gefragt.

4.8 Was fehlt?

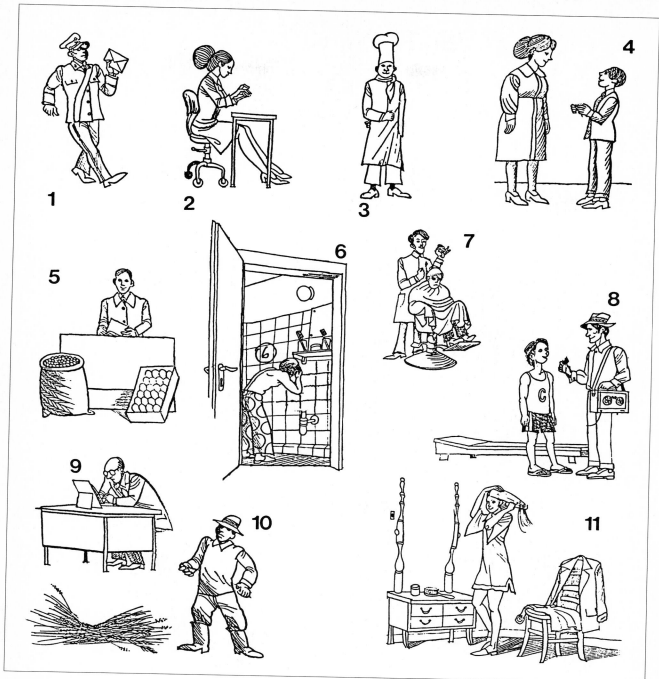

Sagen Sie es so:

a) ... hat *keinen / kein / keine* ... .

c) ... braucht *einen / eine / ein* ... .

b) *Dem / Der* ... fehlt *ein / eine* ... .

d) *Ohne* ... kann ... (sich) nicht ... .

Beispiel zu Bild 1:

a) Der Briefträger hat *keine Posttasche.*

c) Der Briefträger braucht *eine Post-tasche.*

b) *Dem Briefträger* fehlt *eine Posttasche.*

d) *Ohne Posttasche* kann der Briefträger keine Briefe austragen.

5 Immer auf der Suche

5.1 Wortschatzsuche

Spielregeln: 1. Das Bild wird auf eine Folie kopiert und mit dem Overhead-Projektor an die Wand projiziert.

2. Die Klasse sammelt mündlich, was die Schüler alles bei ihrer Säuberungsaktion in der Natur gefunden haben.
Die Schüler haben drei Minuten Zeit, sich die Gegenstände auf der Deponie einzuprägen. Dann wird der Overhead-Projektor abgeschaltet.
Eventuell unbekannte Wörter können durch Zeigen eingeführt werden.
3. Anschließend wird die Klasse in fünf Gruppen eingeteilt. Jede Gruppe schreibt die Gegenstände auf ihrer Mülldeponie, an die sie sich erinnern kann, an die Tafel.
4. Gewonnen hat die Gruppe, die die meisten Wörter zusammenträgt. Für ein falsches Wort wird ein Punkt abgezogen.

5.2 Schatzsuche

1. vom Hafen aus in nördliche Richtung
2. die erste Abzweigung nach rechts bis zur Mühle
3. an der Kreuzung wieder nach rechts und am runden Turm vorbei bis zum Dorf
4. auf den Klippen Richtung Süden bis zur Kreuzung
5. zum Fluß hinuntersteigen
6. den Fluß durchwaten
7. geradeaus zum Strand
8. Bug des Bootes „Rena" zeigt auf eine Höhle, in der der Schatz liegt

Eine Schülergruppe ist auf Schatzsuche auf einer Insel. Sie steht über Walkie-Talkies mit einer zweiten Gruppe in Verbindung, die auf dem Festland geblieben ist.

Die erste Gruppe beschreibt ihren Weg: „Wir stehen jetzt am Hafen und gehen in nördliche Richtung."

Die zweite Gruppe ist ungeduldig und neugierig. Sie stellt viele Fragen, die die anderen nach der Abbildung beantworten müssen. „Habt ihr viele Schiffe gesehen?" – „Ja, im Hafen …" „Wie ist die Straße?" „Was seht ihr vor euch?" usw.

Sie können auch eigene Wegbeschreibungen anfertigen oder den Schatz an einer anderen Stelle der Insel verstecken.

5.3   Drum prüfe, wer sich ewig bindet ...

... und Sie? Wen würden Sie (nicht) heiraten?

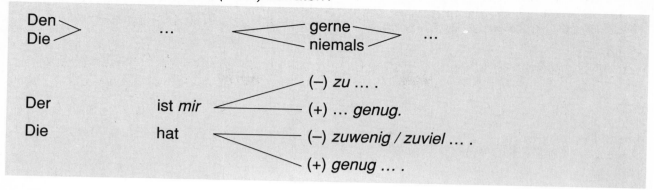

Beispiele zu Bild 2:

(−) Den da würde ich niemals heiraten. Der ist *mir zu geizig*.
(−) Den da würde ich niemals heiraten. Der hat *mir zuwenig Geld*.
(+) Den da würde ich gerne heiraten. Der ist *spendabel genug*.
(+) Den da würde ich gerne heiraten. Der hat *genug Geld*.

5.4 Strandauflauf

In dem dichten Gedränge am Strand ist es gar nicht leicht, einen Bekannten zu finden. *Helfen Sie mit beim Suchen?*

a) Wo ist denn nur … ?
   Da steht sie / er doch! Neben dem Mann / der Frau im … / mit …

b) Wer ist denn eigentlich …?
   Das ist doch der Mann / die Frau dort im … / mit …

5.5 Bilderpuzzle 6–1

1. Material:
Pro Gruppe (= 6 Teilnehmer) werden 5 Teile eines in 6 Teile zerschnittenen Bildes, eines Fotos, einer Zeichnung oder eines Kalenderblattes sowie 1 Teil eines Bildes einer anderen Gruppe benötigt. Die Bildvorlage sollte nicht zu kompliziert sein, sondern sich für eine Beschreibung durch die Klasse eignen.

2. Kennzeichnung:
Der Lehrer sollte sich eine Liste der Bilder und der Markierungen der Teile anfertigen, z.B.:

Bild 1 = Schiff mit Pferd vor einer Insel:	A	B	Ⓥ	D	E	F
Bild 2 = Park mit Blumen und Bäumen:	G	Ⓡ	I	J	K	L
Bild 3 = Dorf am Meer mit Regenbogen:	M	N	O	P	Q	Ⓗ
Bild 4 = Nächtliche Schäferszene:	S	T	U	Ⓒ	W	X
◯ = gehört zu einem anderen Bild						

3. Spielverlauf:
Die 6 Schüler einer Gruppe erhalten je ein Teil eines in 6 Teile zerschnittenen Bildes. Nur ein Schüler bekommt ein Stück eines Bildes einer anderen Gruppe. Wichtig: Die Gruppenangehörigen dürfen die anderen Bilderteile der Gruppe nicht sehen.
Die Schüler in der Gruppe beschreiben nacheinander ihr Bildteil. Die anderen in der Gruppe müssen entscheiden, ob es zu ihrem Bild gehört und welches Teil nicht dazu gehört. Ist der „Falsche" gefunden, wird er gegen einen anderen Schüler einer anderen Gruppe ausgetauscht und erneut befragt. Dieser Tausch wird fortgesetzt, bis das fehlende Stück gefunden ist.

5.6 Tausche gegen

-s Sportauto

(gebraucht)

-s Surfbrett

(fabrikneu)

-e Taschenlampe

(energiesparend)

-s Feuerzeug

(elegant)

-r Föhn

(handlich)

-e Kamera

(automatisch)

-r Kaffeeautomat

(formschön)

-s Motorrad

(japanisch)

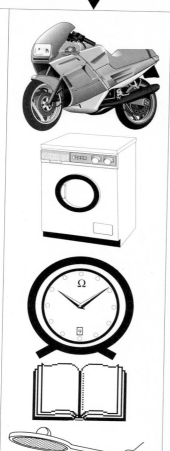

**-e Wasch-
maschine**

(leistungsstark)

-r Wecker

(modisch)

-s Buch

(antiquarisch)

-r Tennisschläger

(extrastark)

-r Staubsauger

(superleise)

-r Liegestuhl

(bequem)

Tauschen Sie die Gegenstände auf der linken Seite gegen Gegenstände auf der rechten Seite. Passen Sie aber auf, daß die Tauschobjekte einigermaßen gleichwertig sind!

a) *Angebot:* (Ich) Tausche automatisch**e** Kamera *gegen* superleis**en** Staubsauger.

b) *Gesuch:* Superleis**er** Staubsauger *gegen* automatisch**e** Kamera zu tauschen gesucht.

5.7   Reflexiv-Aperitif

Mit Hilfe von Bildvorlagen – am besten mit Bildern aus Illustrierten – sollen reflexive Verben geübt und wiederholt werden.

1. Die Bildvorlagen müssen eine Handlung zeigen. Ein Satz auf der Bildvorlage sagt, welche Folge diese Handlung hatte.

> **Beispiel:**
> Auf dem Bild ist ein Mädchen mit einer Wolfsmaske:
> „Alle Kinder waren erschrocken." (= Folge)

2. Die vorbereiteten Bildvorlagen werden ausgeteilt: pro Tisch ein Bild bzw. pro Gruppe (je nach Größe) 2 bis 3 Bilder.

   Stellen Sie zu dem Satz auf Ihrem Bild eine „Warum"-Frage. Verwenden Sie in der Antwort ein reflexives Verb. Die Antwort ist im Bild enthalten.

> **Beispiel:**
> Warum waren alle Kinder erschrocken?
> Das Mädchen hatte *sich* als Wolf *verkleidet.*

3. Es können auch die folgenden Redeabsichten geübt werden:

   a) jemandem Vorwürfe machen:
   „*Warum* hast du dich *bloß wieder* als Wolf verkleidet!"

   Oder: „*Ich habe dir doch gesagt, du sollst* dich *nicht immer* als Wolf verkleiden."

   Oder: „*Mußt* du dich *denn immer* als Wolf verkleiden?!"

   b) Bedauern ausdrücken:
   „*Hätte* ich mich *doch bloß nicht* als Wolf verkleidet!"

   c) ein Versprechen abgeben:
   „Ich verkleide mich *bestimmt nicht wieder* als Wolf."

Wenn sich einzelne Bildvorlagen für die eine oder andere Aufgabe nicht eignen, können sie ausgelassen werden.

Alle Kinder waren erschrocken.

sich verkleiden

In der Wohnung gab es keine Möbel mehr.

sich (so) verschulden

5.8 Alles für den Bürger

1. *Welche Institutionen und städtischen Einrichtungen bietet eine Stadt ihren Bürgern an? Die Bilder helfen Ihnen bei der Zusammenstellung. Der Anfangsbuchstabe des Wortes ist jeweils genannt, z.B. T für „Theater".*

Verwenden Sie folgende Verben:

a)	Die Stadt	*bietet*	ihren Bürgern (dem Bürger) … (Akk.).
b)	Die Stadt	*unterhält*	für ihre Bürger … (Akk.).
c)	Die Stadt	*sorgt*	*für* … (Akk.).
d)	Die Stadt	*versorgt*	ihre Bürger *mit* … (Dativ).

2. *Stellen Sie nach den Bildern eine Liste der städtischen Einrichtungen zusammen. Wie sind Sie ganz persönlich mit diesen Einrichtungen in Ihrer Stadt zufrieden? Vergeben Sie Noten:*

++	sehr zufrieden mit	ausgezeichnet
+	zufrieden mit	gut
○	insgesamt zufrieden	befriedigend
—	nicht immer zufrieden	läßt zu wünschen übrig
— —	überhaupt nicht zufrieden	mangelhaft

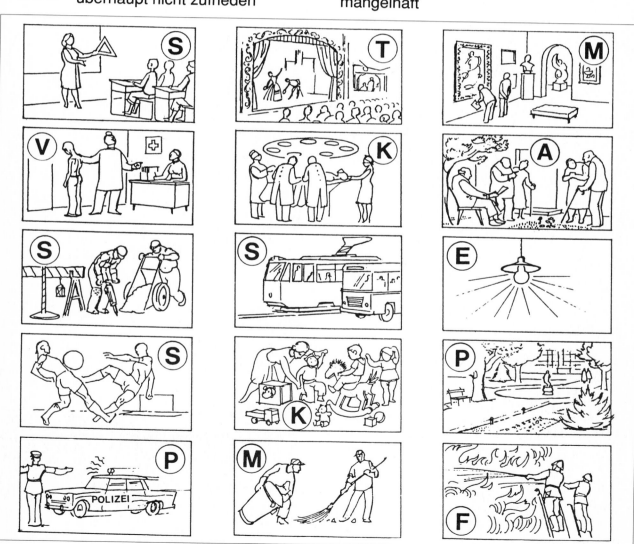

3. *Begründen Sie, warum Sie gerne bzw. nicht gerne in Ihrer Stadt leben. Beziehen Sie sich dabei auf die abgebildeten Einrichtungen. Verwenden Sie auch die Ausdrücke unter 1. und 2.*

> **Beispiel:**
> ● Die Parkanlagen in X sind ausgezeichnet. Ich gehe dort jeden Sonntag spazieren.
> ○ Ich bin überhaupt nicht zufrieden mit den Straßen. Die Müllabfuhr läßt auch zu wünschen übrig. Deshalb macht X auch einen so schmutzigen Eindruck.

4. *Malen Sie sich gegenseitig aus, was wäre, wenn es in Ihrer Stadt „kein(e)(n) …" gäbe.*
   „Wenn es keine Kindergärten gäbe, könnten die Mütter nicht berufstätig sein" usw.

> **Liste der kommunalen Einrichtungen:**
> **S**= die Schule **T**= das Theater **M**= das Museum **V**= die ärztliche Vorsorge
> **K**= das Krankenhaus **A**= das Altenheim **S**= der Straßenbau **S**= die Straßenbahn
> **E**= die Energieversorgung **S**= die Sportangebote oder -veranstaltungen **K**= der
> Kindergarten **P**= der Park **P**= die Polizei **M**= die Müllabfuhr **F**= die Feuerwehr

5.9 Gästeführer

Wonach erkundigen sich die Gäste mit den folgenden Fragen? Es gibt mehrere Möglichkeiten.

1. Gibt es hier auch … ?	8. Sind auch … gestattet?
2. Haben Sie … frei?	9. Muß man für … extra bezahlen?
3. Wann ist … geöffnet?	10. Hat … ?
4. Darf ich … mitnehmen?	11. Wieviel kostet … ?
5. Kann man … mitbenutzen?	12. Wann schließt … ?
6. Wo ist … ?	13. Bis wann muß … geräumt werden?
7. Gibt es denn wenigstens … ?	14. Kann man … vorbestellen?

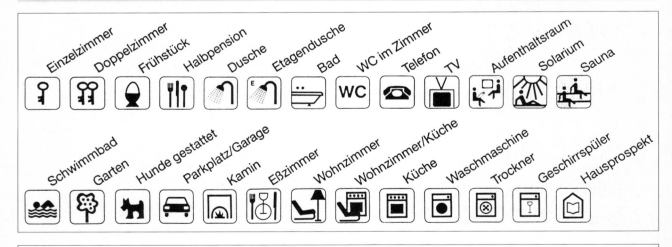

Einzelzimmer — Doppelzimmer — Frühstück — Halbpension — Dusche — Etagendusche — Bad — WC im Zimmer — Telefon — TV — Aufenthaltsraum — Solarium — Sauna

Schwimmbad — Garten — Hunde gestattet — Parkplatz/Garage — Kamin — Eßzimmer — Wohnzimmer — Wohnzimmer/Küche — Küche — Waschmaschine — Trockner — Geschirrspüler — Hausprospekt

Beispiele für richtige Einfügungen:	Frage 1:	einen Aufenthaltsraum	8:	Hunde
	2:	ein Doppelzimmer	9:	das Frühstück
	3:	das Schwimmbad	10:	ein Telefon
	4:	den Hausprospekt	11:	der Parkplatz
	5:	die Küche	12:	das Solarium
	6:	die Sauna	13:	das Zimmer
	7:	eine Dusche	14:	das Frühstück

6 Bildungserlebnisse

6.1 Fernsehen

Welche Arten von Fernsehfilmen zeigen die sechs Bilder? Schreiben Sie die Namen darunter, z.B. „Cowboyfilm".

1. Fragen Sie Ihren Tischnachbarn, welche dieser sechs Filmarten er am liebsten sieht. Fragen Sie ihn auch nach dem Grund.

2. Schauen Sie im Fernsehprogramm nach. Suchen Sie alle Sendungen heraus, die für Ihren Tischnachbarn in Frage kommen.

3. Schreiben Sie aus dem Programm folgende Informationen heraus:
   a) Wann wird der Film gesendet?
   b) In welchem Programm läuft er?
   c) Wie lange dauert er?
   d) Wie heißt der Film?
   e) Von welchem Land wurde er produziert?
   f) Ist es ein Farb- oder ein Schwarzweißfilm?
   g) Welche Hauptdarsteller spielen in dem Film?
   h) Welcher Regisseur hat den Film gemacht?

4. Informieren Sie nun Ihren Tischnachbarn. Wenn der noch weitere Fragen zum Film hat, müssen Sie im Programm nachsehen, ob es diese Informationen gibt.

1. Programm

10.00 Heute 10.03 Bio's Bahnhof 11.35 Das war der „Anhalter". Des Deutschen Reiches Großer Bahnhof in Berlin 12.15 Kennzeichen D 12.55 Presseschau 13.00 Heute

13.20 Internationale Tennis-Meisterschaften von Deutschland
Übertragung aus Hamburg

16.15 Tagesschau

16.20 Transmigrasi
Die geplante Völkerwanderung Indonesien hat über 120 Millionen Einwohner. Allein auf der Hauptinsel Java leben etwa 90 Millionen Menschen, in der Hauptstadt Djakarta etwa sechs Millionen. Nun sollen Javaner auf menschenleere Außeninseln umgesiedelt werden

17.05 Joker '82

20.00 Tagesschau

20.15 Serenade zu dritt
Amerikanischer Spielfilm von 1932

Die Pariser Bohemiens Tom und George verlieben sich in die charmante Zeichnerin Gilda. Sie findet beide so sympathisch, daß sie sich für keinen entscheiden will und schließlich einen Geschäftsmann heiratet. Tom und George geben aber nicht auf . . . Foto: Gary Cooper, Frederic March, Miriam Hopkins. Regie: Ernst Lubitsch

21.45 Und kein bißchen radikal?
Beobachtungen bei einer Gruppe junger

2. Programm

15.57 ZDF – Ihr Programm

16.00 Heute

16.04 Trickbonbons
Calimero, Hexen und Teufel

16.20 Pfiff
Sportstudio für junge Zuschauer

17.00 Heute

17.08 Tele-Illustrierte

18.00 Hoffnung nach Noten
Zeichentrickserie

18.20 Western von gestern
Reiter in der Nacht (2)
Mit John Wayne

20.15 Derrick
Kriminalreihe von H. Reinecker
Die Fahrt nach Lindau
Mit Horst Tappert, Fritz Wepper, Klaus-jürgen Wussow, Lotte Ledl, Ekkehardt Belle u. a. Regie: Alfred Vohrer

Ein Auto ist durch überhöhte Geschwindigkeit von der Landstraße abgekommen und anschließend in Brand geraten. In den Flammen starb der Münchner Finanzmakler Martin Gericke. Kriminalbeamte entdeckten am Tank die Spuren von zwei Revolvereinschüssen . . . Foto: Lotte Ledl, Anne Bennent, Ekkehardt Belle

1. Programm

9.30 Programmvorschau (Wh)

10.00 Das Mittelmeer
1. Ein Meer im Land
Beginn einer zwölfteiligen Sendereihe

10.45 Der Eisenhans

20.00 Tagesschau

20.15 Professor Grzimek
König der Tiere – der Tiger

21.05 Der Leopard
Italienisch-französischer Spielfilm von 1962
Mit Burt Lancaster, Claudia Cardinale, Alain Delon, Rina Morelli u. a.
Regie: Luchino Visconti

Der preisgekrönte Film entstand nach dem Roman von Giuseppe Tomasi di Lampedusa.– Fürst Fabrizio von Salina, Vertreter des sizilianischen Hochadels, erlebt in der zweiten Hälfte des 19. Jahrhunderts den Niedergang der Aristokratie und den Aufstieg des Bürgertums. Obwohl er die Veränderungen nicht billigt, verheiratet er seinen Lieblingsneffen Tancredi mit der Tochter eines Emporkömmlings . . . Foto: Claudia Cardinale, Alain Delon

23.40 Tagesschau

6.2 Das Gehirn

a) Im vorderen / mittleren / hinteren
oberen / unteren / seitlichen
Teil *des Gehirns* befindet sich

das Zentrum *des ... (e)s / der ... / des ... (e)s*

Oder:

b) Im ...
Teil *des Gehirns* liegt die Region, die
für den / die / das ... verantwortlich ist.

Oder:

c) Das Zentrum des / der ...
liegt links } vom Zentrum
rechts } des / der ...

neben } dem Zentrum.

oberhalb } des Zentrums.
unterhalb }

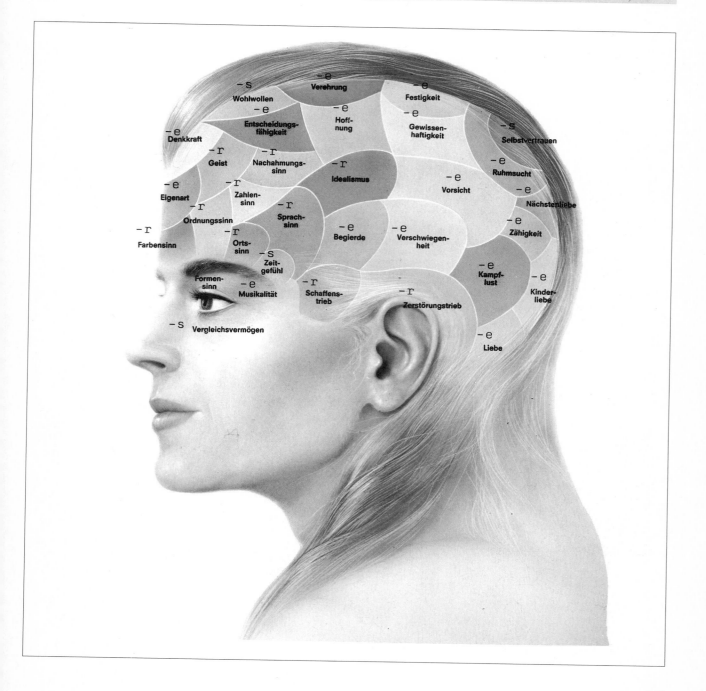

75

Beschreiben Sie die Lage der Gehirnfunktionen mit Hilfe der folgenden Satzmuster:

Beispiele:

zu a)   Im vorderen Teil *des Gehirns* befindet sich das Zentrum *der Denkkraft.*

zu b)   Im mittleren Teil *des Gehirns* liegt die Region, die *für die Hoffnung verantwort-lich* ist.

zu c)   Das Zentrum *der Verschwiegenheit* liegt rechts *vom Zentrum der Begierde.*

6.3   Ungelogen die besseren Meteorologen!

Wenn Sie diese Alltagserfahrungen nicht vergessen, dann sind Sie bestimmt ein besserer Meteorologe. Formulieren Sie Wetterregeln in „Wenn"-Sätzen.

	**1** Ein grauer Morgen und ein rosa Sonnenaufgang bringen einen klaren Tag.	Wenn der Morgen grau und der Sonnenaufgang rosa ist, wird der Tag klar.
	**2** Quellwolken, die sich schon vormittags hoch auftürmen, künden für den Nachmittag Gewitter an.	
	**3** Senkrecht aufsteigender Rauch zeigt klares, trockenes Wetter an.	
	**4** Hut- oder kragenförmige Wolken im Gebirge deuten auf heiteres Wetter.	

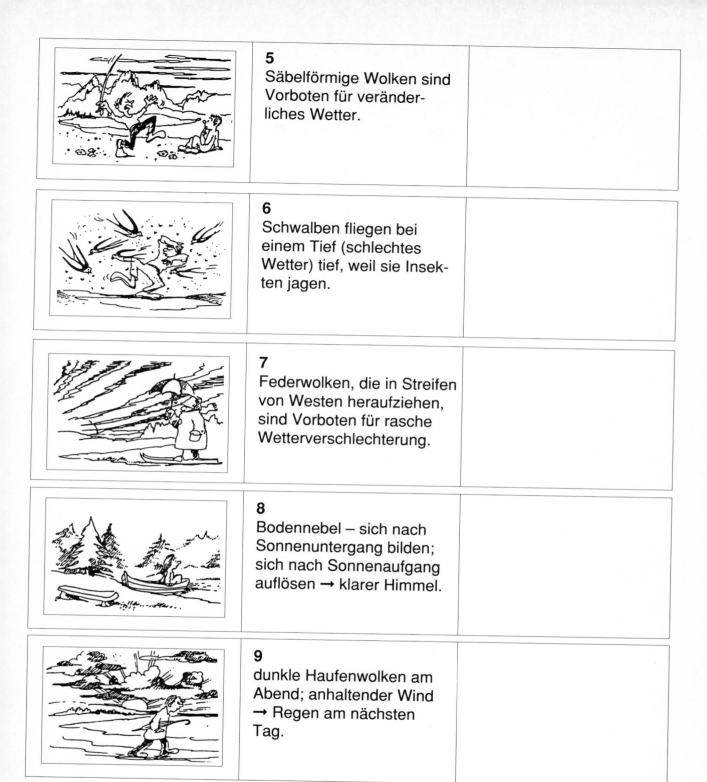

5
Säbelförmige Wolken sind Vorboten für veränderliches Wetter.

6
Schwalben fliegen bei einem Tief (schlechtes Wetter) tief, weil sie Insekten jagen.

7
Federwolken, die in Streifen von Westen heraufziehen, sind Vorboten für rasche Wetterverschlechterung.

8
Bodennebel – sich nach Sonnenuntergang bilden; sich nach Sonnenaufgang auflösen → klarer Himmel.

9
dunkle Haufenwolken am Abend; anhaltender Wind → Regen am nächsten Tag.

Kennen Sie andere Wetterregeln aus der Natur?

Beobachtung in der Natur		erwartetes Wetter (Akkusativ)	
Quellwolken am Vormittag	künden	Gewitter am Nachmittag	an.
	bedeuten		.
	deuten		an.
	bringen		.
	kündigen		an.
	zeigen		an.
	lassen auf		schließen.
	signalisieren		.
	sind Vorboten für		.
	sind ein sicheres Zeichen für		.
	sind ein Indiz für		.
	sind ein Anhaltspunkt für		.

6.4　Bäumchen aus Kernen

Stellen Sie sich vor, Sie haben diesen Versuch erfolgreich durchgeführt. Berichten Sie nun darüber im Perfekt.

Starke Verben:	*halten* – hielt – gehalten	*gießen* – goß – gegossen

Sie brauchen:
1 Avocadokern
3 Erdnüsse mit Schalen
4 Zahnstocher
1 Glas
3 Töpfe mit 15 cm Durchmesser, die mit Blumenerde gefüllt sind

Avocado

1. Der Kern einer frischen Avocado wird einen Tag in Wasser gelegt.

2. Man steckt vier Zahnstocher in das dicke Ende des Kerns, um ihn zu stützen.

3. Der Kern wird mit dem dicken Ende auf ein Glas gesetzt, so daß der untere Teil des Kerns etwa 12 mm im Wasser ist.

4. Das Glas wird auf ein Fensterbrett gestellt. Der Wasserspiegel muß immer auf der gleichen Höhe gehalten werden.

5. Wenn der Kern keimt, pflanzt man ihn in einen Topf mit Erde, stellt ihn auf ein Fensterbrett und gießt ihn regelmäßig.

1. Ich habe den Kern _____
_____
_____
_____

2. Ich habe _____
_____
_____
_____

3. Ich _____
_____
_____

4. Ich _____
_____
_____

5. Als der Kern keimte, habe ich _____
_____
_____

Ein kleiner Junge ist mit seiner Mutter im Zoo. Die meisten Tiere sieht er zum erstenmal. Es fehlen ihm die richtigen Wörter. Seine Mutter muß ihn ständig korrigieren.

> **Beispiel:**
>
> *Kind:* Guck mal, Mami, was für ein komisches Pferd! Mit so großen Ästen auf dem Kopf.
>
> *Mutter:* Das ist *kein* Pferd, *sondern* ein Rentier. Und es hat auch *keine* Äste auf dem Kopf, *sondern* ein Geweih.

Stellen Sie in den Wortkreuzen Kindersprache und Fachsprache (hier: Zoologie) gegenüber. Führen Sie dann die Gespräche zwischen Kind und Mutter im Zoo.

1. der Vogel   das Kleid

    der Pfau   das Rad

2. der Teddy

3. _____

    das Nashorn

5. _____   die Stangen

6. der Fisch

6.6   Autos aller Arten

1. Was gehört zusammen?

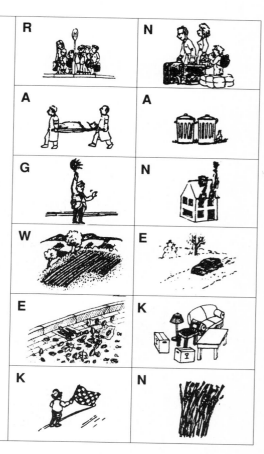

Die Bilder auf der linken Seite zeigen zwölf verschiedene Fahrzeuge.

Zu jedem Fahrzeug paßt ein Bild der rechten Seite, z.B. „der Schneepflug" (6) und „die verschneite Straße" (E).

Beginnen Sie mit Bild 1, und schreiben Sie den Buchstaben des dazugehörigen Bildes auf.

Die Buchstaben aller zwölf Bilder ergeben ein Lösungswort.

2. *Verbinden Sie bitte die zusammengehörigen Begriffe durch ein passendes Verb zu einem ganzen Satz.*

Beispiel: der Schneepflug   —   die verschneite Straße:

Der Schneepflug *räumt* die verschneite Straße.

Wortlisten:

1.	der Rennwagen	mähen	R:	die Fahrgäste
2.	der Bus	löschen	N:	die Familie
3.	die Müllabfuhr	stoppen	A:	die Krankenpfleger
4.	die Feuerwehr	auf / laden	A:	die Mülltonnen
5.	der Möbelwagen	ein / steigen	G:	der Polizist
6.	der Schneepflug	räumen	N:	das brennende Haus
7.	der Mähdrescher	tragen in	W:	das Feld
8.	der Traktor	reinigen von	E:	die verschneite Straße
9.	die Ambulanz	starten	E:	das Laub
10.	der Streifenwagen	bestellen	K:	die Möbel
11.	die Straßenreinigung	warten auf	K:	der Starter
12.	der Personenwagen	leeren	N:	das Getreide

1	2	3	4	5	6	7	8	9	10	11	12

7 Durchschaut

7.1 Was das Wohnzimmer über Sie verrät

Typ A:

altdeutsches Wohnzimmer. Wer sich so einrichtet, ist zwar eher …, neigt aber auch zu …

5
10

Typ B:

junges Wohnen. Wer sich so einrichtet, hat sehr viel … und neigt zu …

2
7

Typ C:
Wohnzimmer mit Stilmöbeln. Wer sich so einrichtet, strebt in der Liebe und im Beruf nach …

1
3

Typ D:

gediegenes Wohnzimmer. Wer sich so einrichtet, zeigt …

9
12

Typ E:
klassisch modern. Wer sich so einrichtet, ist gar nicht so … , wie es auf den ersten Blick scheint

4
11

Typ F:
zeitlos modern.

6
8

1. *Wenn Sie unter den sechs abgebildeten Wohnzimmern wählen könnten – in welchem würden Sie sich am wohlsten fühlen? Begründen Sie Ihre Wahl.*

2. *Stellen Sie anhand der an den Bildrand geschriebenen Zahlen fest, auf welche Eigenschaften welche Wohnzimmereinrichtung schließen läßt.*

1 treu	5 konservativ	9 verschlossen
2 genußsüchtig	6 anpassungsfähig	10 erotisch
3 vorsichtig	7 lebenslustig	11 freiheitsliebend
4 unsicher	8 nachgiebig	12 schweigsam

3. *Sie können auch als Einrichtungsberater(in) tätig werden. Stellen Sie fest, welches die beiden hervorstechenden Eigenschaften Ihrer Freundin (Ihrer Nachbarin, Ihres Freundes, Ihres Nachbarn usw.) sind, und machen Sie einen Vorschlag, wie sie/er ihr/sein Wohnzimmer einrichten sollte.*

Wichtige Ausdrücke:

a) das Wohnzimmer klassisch modern (zeitlos modern, gediegen, stilvoll, avantgardistisch, altdeutsch usw.) einrichten

b) zu jemandem am besten passen

c) für die Einrichtung … wählen

d) sich für … entscheiden

e) jemandem zu etwas raten

7.2   Frische Blumen

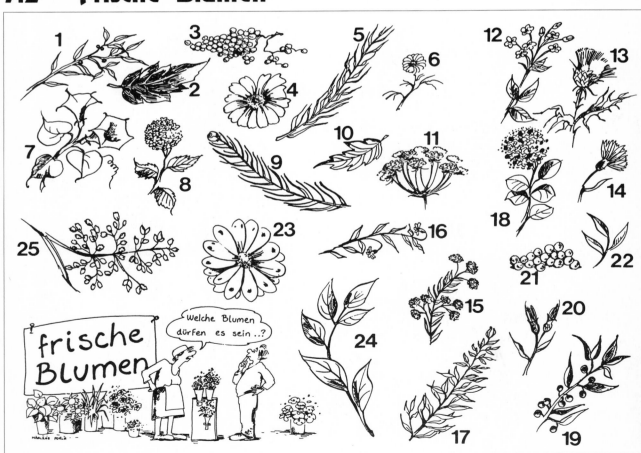

Beschreibungsspiel „Blumenkauf"

1. Gespielt wird in zwei Gruppen. Jeder Schüler erhält eine Kopie der Bildvorlage. Alle Abbildungen zählen als Blumen, auch wenn nur ein Teil zu sehen ist.

2. Die Blumen sollen so präzise beschrieben werden, daß sie identifiziert werden können. Wenn eine Identifikation angezweifelt wird, muß der Nachweis dafür erbracht werden.

> **Beispiel:**
>
> *Gruppe 1:* Welche Blumen dürfen es sein?
> *Gruppe 2:* Geben Sie mir die *mit den langen Stielen* und *den langen schmalen schwarzen Blättern*.
> *Gruppe 1:* Meinen Sie Typ 9?
> *Gruppe 2:* Ja, richtig.

3. Dann erfolgt ein Gruppenwechsel. Jede Blume darf nur einmal verlangt werden. Sie darf dann auf der Vorlage ausgestrichen werden, so daß sich die Zahl der Möglichkeiten von Mal zu Mal verringert.

4. Gewonnen hat die Gruppe, deren Blumenbeschreibungen am häufigsten geraten wurden.

Wörter für die Beschreibung der Blumen:

Farbe:	Bestandteile:		Form und Aussehen:			
schwarz	Blätter	Knospen	klein	groß	lang	kurz
weiß	Blüten	Stengel	schmal	breit	fein	grob
grau	Früchte	Dolden	gepunktet	gestreift	geschlossen	
dunkel	Beeren	Früchte	geöffnet	gezackt	glatt	
hell			herzförmig	rund		

7.3 Der Mund ist der Spiegel der Seele

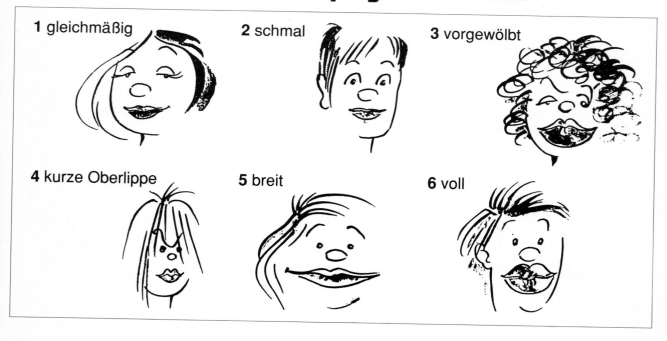

1 gleichmäßig 2 schmal 3 vorgewölbt
4 kurze Oberlippe 5 breit 6 voll

7 groß　　　　　　**8 positive Mundwinkel**　　　　**9 ausgeprägte Unterlippe**

1. Gleichmäßige Lippen

Wer einen so ebenmäßig geformten Mund hat, dem wird das Beste bescheinigt: Er/Sie ist allem Schönen, Kultivierten aufgeschlossen und hat ein intaktes Gemütsleben.

2. Schmale Oberlippe

Menschen mit einer schmalen Oberlippe stehen mit beiden Beinen auf dem Boden der Tatsachen. Zielstrebigkeit und Realitätssinn sind besonders ausgeprägt.

3. Vorgewölbte Oberlippe

Die so dominierende, leicht geschürzte Oberlippe verrät ein kompliziertes Seelen- und Liebesleben.

4. Kurze Oberlippe

Menschen mit auffallend kurzer Oberlippe haben oft Launen: heute fröhlich, morgen schon gereizt.

5. Breiter Mund

Fleiß, Ausdauer, Optimismus, Humor – diese Eigenschaften werden Menschen mit einem breiten Mund zugeschrieben. Sie stehen auf der Sonnenseite des Lebens.

6. Volle Lippen

So volle, kräftige Lippen lassen gleich auf mehrere Eigenschaften schließen: Geselligkeit, Mitteilungsbedürfnis, Loyalität und Hilfsbereitschaft.

7. Großer Mund

Die großen Lippen drücken ein starkes Gefühlsleben aus, Genießertum und Überschwenglichkeit.

8. Positive Mundwinkel

Menschen mit nach oben gerichteten Mundwinkeln werden positive Lebenseinstellung, Selbstsicherheit und gute Umgangsformen nachgesagt.

9. Ausgeprägte Unterlippe

Einen sinnlichen Erlebnisdrang haben nach Meinung der Wissenschaftler Menschen mit einer starken Unterlippe.

Schauen Sie sich Ihren Tischnachbarn / Ihre Tischnachbarin genau an.
Sagen Sie ihm / ihr dann,

a) *welche Form seine / ihre Lippen haben:*
　　– „Deine Lippen sind gleichmäßig."　　– „Du hast gleichmäßige Lippen."
　und
b) *was seine / ihre Lippen über seinen / ihren Charakter aussagen:*
　　– „Du bist allem Schönen, Kultivierten aufgeschlossen."
　　– „Du hast ein intaktes Gefühlsleben."

Verwenden Sie auch folgende Ausdrücke:

a) Deine Lippen *verraten* …
b) Deine Lippen *lassen auf* … schließen.
c) Deine Lippen *drücken* … aus.

d) Menschen mit … Lippen *wird* … zugeschrieben.
e) Menschen mit … Lippen *wird* … bescheinigt.
f) Menschen mit … Lippen *wird* … nachgesagt.

g) Bei Menschen mit … Lippen *ist* … besonders *ausgeprägt*.

7.4 Fahrert(yp)ol(l)ogie

Kennen Sie solche Leute?

1. Was ist charakteristisch für diese sechs Fahrertypen?
2. Über welche Eigenschaften macht sich der Zeichner lustig?
3. Welchem Typ würden Sie Ihren Mann (Ihre Frau, Ihren Freund, Ihre Freundin) zuordnen? Warum? Berichten Sie.
4. Erinnern Sie sich an lustige Begebenheiten mit solchen Fahrertypen?

Schauen Sie sich die Zeichnung an.

1. Was für ein Laden ist dort abgebildet? Beschreiben Sie ihn genau.
2. Welche Vor- und Nachteile hat er Ihrer Meinung nach?
3. Wie würden Sie sich fühlen, wenn Sie dort Kunde wären?
4. Füllen Sie die Sprechblase aus.
5. Wie sähe der Laden aus, in dem Sie gerne einkaufen würden?

Internationales Tanzgeflüster

Ersetzen Sie die kursiv geschriebenen Wörter in den Sprechblasen durch andere aus der Liste:

Land	Bewohner	Nationalität
Holland	Holländer, Holländerin	holländisch
Spanien	Spanier, Spanierin	spanisch
Frankreich	Franzose, Französin	französisch
Kroatien	Kroate, Kroatin	kroatisch
Italien	Italiener, Italienerin	italienisch
Japan	Japaner, Japanerin	japanisch
Mexiko	Mexikaner, Mexikanerin	mexikanisch
Belgien	Belgier, Belgierin	belgisch
Indien	Inder, Inderin	indisch
China	Chinese, Chinesin	chinesisch
Deutschland	Deutscher, Deutsche	deutsch
Türkei	Türke, Türkin	türkisch

Versuchen Sie, diese Liste zu erweitern.

7.7 Vermutlich nur eine Vermutung

Ihre Freundin sagt:

Ich weiß nicht, wie das Wetter morgen wird. (wieder schlecht)
ob ich heute etwas essen werde. (sehr viel)
ob ich ihn liebe. (gar nicht)
ob ich nach Spanien fliege. (gar kein Geld haben)
ob ich am Samstag in die Disko gehe. (gar nicht reinlassen)
ob ich die Hausaufgaben kann. (wieder gar nicht verstanden haben)
ob ich einen reichen Mann heiraten werde. (gar keiner nehmen)
wann ich mein Examen mache. (nie)
wie viele Bücher ich gelesen habe. (noch kein einziges)

Antworten Sie mit einer Vermutung. Sie finden Sie in der Klammer.

Beispiel:

● Ich *weiß nicht, wie* das Wetter morgen wird.
○ Ich *vermute,* wieder schlecht.

Oder: *Vermutlich* wieder schlecht.

Äußern Sie nun möglichst originelle Vermutungen zu den sechzehn Bildern:

Beispiel:

● Ich *weiß nicht, warum* die beiden Frauen den Mann festhalten.
○ Ich *vermute,* beide wollen ihn heiraten.

Oder: *Vermutlich* wollen ihn beide heiraten.

7.8 (Bank)Notenwechsel

„Können Sie mir bitte den Tausend*er* (Fünfhundert*er,* Hundert*er,* Fünfzig*er,* Zwanzig*er*) in
… wechseln?"

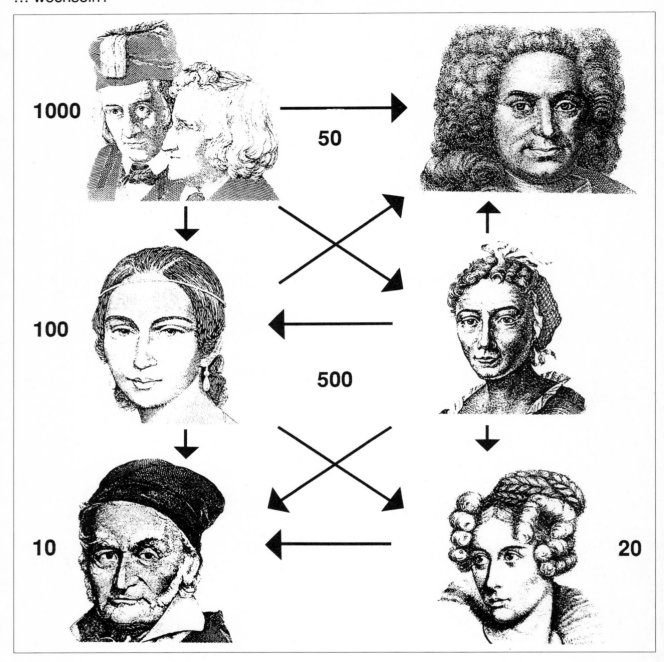

Führen Sie Mini-Dialoge auf der Bank oder in der Wechselstube:

● Können Sie mir bitte den *Tausender* in zehn *Hunderter* wechseln?
○ Zehn *Hunderter.* Zählen Sie bitte nach.

Oder umgekehrt:

● Können Sie mir bitte für zehn *Hunderter* einen *Tausender* geben?
○ Hier, bitte, ein *Tausender.*

7.9 Montagmorgengespräche

diplomatisch (+)
gute
Manieren (+)

Albert

frech (−)
kleine Ohren
(+)

Bernd

gutmütig (+)
immer Hunger
(+)

Petra

ungepflegt (−)
unmögliche
Ansichten (−)

Inge

albern (−)
viele
Sommer-
sprossen (−)

Otto

extrava-
gant (+)
moderne
Frisur (+)

Johanna

romantisch
(+)
verträumte
Augen (+)

Dorian

gemein (−)
große
Zähne
(−)

Erika

kahlköpfig
(−)
ein lustiger
Bart (+)

Ferdinand

geizig (−)
viel Geld
(+)

Anna

verrückt (−)
seltsame Ideen
(−)

Gunter

freundlich (+)
viel Verständnis
(+)

Manfred

gebildet (+)
ein großes
Wissen (+)

Leonore

lustig (+)
gute Laune (+)

Gisela

Setzen Sie Namen und Eigenschaften in den Dialog ein:

○ Wie ist / war denn …s neuer Freund / neue Freundin ?

● — Ach, nicht besonders! Er *ist so*
    + Ganz toll! Sie *war sehr* … .

Oder: Er *hat* / Sie *hatte* (kein…) …

Beispiel:

○ Wie ist denn Petras neuer Freund? ● Ganz toll! Er ist so diplomatisch.
Er hat gute Manieren.

Rettungsversuche

8.1 Sauberfrau

„Bestimmt habt ihr *wieder* schmutzige Schuhe!" (Bild 1)
In jedem Satz sollen die beiden schräg gedruckten Wörter vorkommen.

Zu welchen Bildern paßt der Ausruf: „Füße hoch!" (3 x),
„Auch nicht besser als das alte!" (3 x),   „Stellen Sie sich nicht so an!" (2 x)?

8.2 Angriff und Verteidigung

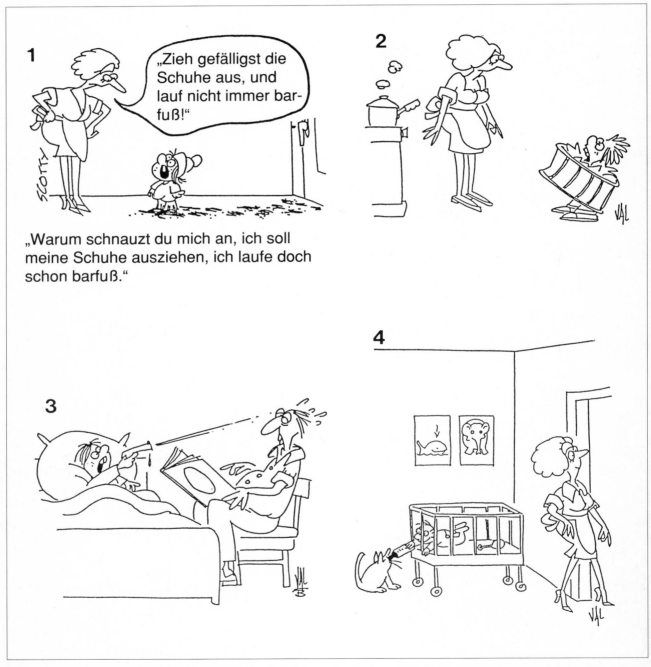

Leiten Sie von den anderen drei Karikaturen die Ermahnung der Eltern und die Verteidigung der Kinder ab.

8.3 Versäumnisse

FEUER

BRANDSTIFTUNG

DIEBSTAHL

EINBRUCH

WASSERSCHADEN

ÜBERSCHWEMMUNG

STURMSCHÄDEN

NATURKATASTROPHEN

Unterhalten Sie sich über das Versäumnis:

● $\frac{\text{Hatten Sie}}{\text{War}}$. Ihr … denn gar nicht *gegen* … *versichert?*

○ Leider nicht, $\frac{\text{ich } hatte …}{… war}$ nur *gegen* … *versichert.*

○ $\frac{\text{Hätte ich}}{\text{Wäre}}$ … doch nur auch gegen … $\frac{versichert!}{versichert\ gewesen!}$

● Dann $\frac{hätten\ Sie\ sich}{wäre\ Ihnen}$ viel Ärger $\frac{ersparen\ können.}{erspart\ geblieben.}$

Beispiel:

Er: *Hatten* Sie Ihr Haus denn nicht *gegen Sturmschäden versichert?*

Sie: Leider nicht, ich *hatte* es nur *gegen Einbruch versichert.*
Hätte ich es doch nur auch *gegen Sturmschäden versichert!*

Er: Dann *hätten* Sie *sich* viel Ärger *ersparen können.*

8.4 Wickelkinder

1 *Au, meine Haut!*

Wem Reißverschlüsse zu schmerzhaft …

2 *Bist du so lieb?*

… und Knöpfe zu aufwendig sind …

3 *Noch einmal rum!*

… dem kommt die Wickelmode sehr entgegen.

4

Zur Befestigung genügt ein Knoten …

5 *Bei mir ist der Knoten geplatzt!*

… der jedoch nicht locker …

6 *Ich krieg den Knoten nicht auf!*

… und auf keinen Fall zu fest sein sollte.

Anziehhilfen:

1. den Reißverschluß hochziehen
2. das Kleid zuknöpfen
3. jmd. einwickeln
4. einen Knoten machen
5. das Kleid anziehen
6. den Knoten aufmachen

Wie lautet jeweils das Gegenteil?

Beispiel zu Bild 1:

Was sagt die Frau zum Mann?

a) Kannst du mir bitte mal den Reißverschluß hochziehen?
b) Zieh mir doch bitte mal den Reißverschluß hoch!
c) Versuch bitte mal, den Reißverschluß hochzuziehen!
d) Hilfst du mir bitte mal beim Hochziehen des Reißverschlusses?

Und was sagt sie auf den anderen Bildern?

8.5 Nehmt aus dem Hochhaus die Anonymität raus!

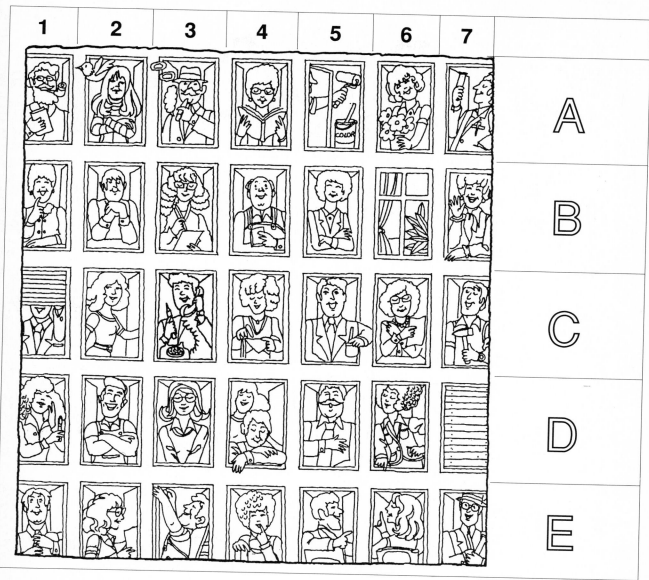

Wir machen die Übung in Form eines kleinen Spiels. So sind die Spielregeln:

1. Wir bilden zwei Spielgruppen. Jeder Spieler hat die Spielvorlage (Fenster eines Hochhauses) vor sich.

2. Die erste Gruppe „individualisiert" eine Person am Fenster, d.h. sie gibt ihr einen Vor- und einen Nachnamen und beschreibt, was diese Person gerade oder oft oder gern tut, z.B.: „Adele Sonntag schreibt gerne Briefe."
   Die Gegengruppe muß erkennen, welche Person an welchem Fenster gemeint ist. Sie muß sie innerhalb von zehn Sekunden – langsam bis zehn zählen – mit Nummern und Buchstaben – z.B. 4 D – bezeichnen.
   Ist das Fenster richtig erkannt, darf der Bewohner „aus dem Hochhaus ausziehen".
   Das Fenster wird in der Gruppe ausgekreuzt.

3. Die Gruppen wechseln sich ab. Gewonnen hat die Gruppe, die zum Schluß die wenigsten Bewohner im Hochhaus hat.

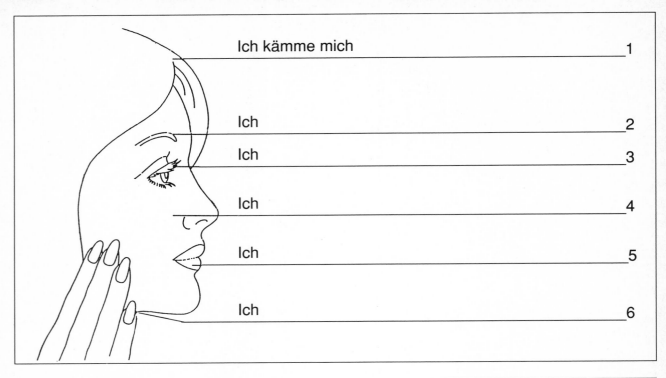

Ich kämme mich _____ 1

Ich _____ 2

Ich _____ 3

Ich _____ 4

Ich _____ 5

Ich _____ 6

So	oder	so?
① sich kämmen	○	sich die Haare raufen
○ sich die Fingernägel lackieren	○	an den Fingernägeln kauen
○ Rouge auf die Wangen auftragen	○	Grimassen schneiden
○ die Wimpern tuschen	○	die Stirn runzeln
○ die Hände eincremen	○	die Augen verdrehen
○ sich die Lippen anmalen	○	die Hand zur Faust ballen
○ die Augenbrauen nachziehen	○	frech grinsen

Berichten Sie in der Ich-Form über die tägliche Schönheitspflege.

Ich kämme mich. Ich …   *Oder:* Ich raufe mir die Haare. Ich …

Und was sagt die Mutter dazu?

Kämmst du dich schon wieder!?   Mußt du dir denn immer die Haare raufen!?

8.7 Schönheitserwachen

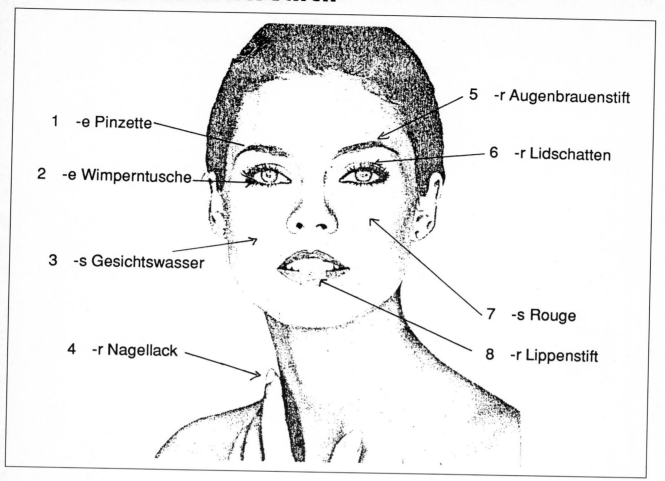

1 -e Pinzette
2 -e Wimperntusche
3 -s Gesichtswasser
4 -r Nagellack
5 -r Augenbrauenstift
6 -r Lidschatten
7 -s Rouge
8 -r Lippenstift

1 damit zupft man die Augenbrauen	**5** man zieht die Augenbrauen damit nach
2 damit malt man sich die Wimpern an	**6** man trägt ihn auf die Augenlider auf
3 damit reinigt man die Haut oder schminkt sich ab	**7** man trägt es auf die Wangen auf
4 ihn trägt man auf die Nägel auf / man lackiert sich die Nägel damit	**8** man malt sich die Lippen damit an

Fragen und antworten Sie.

● Was macht man mit einer Pinzette?
○ Mit einer Pinzette zupft man die Augenbrauen.
● Was macht man mit Wimperntusche?
○ Mit Wimperntusche …

Ein alltäglicher Dialog zwischen Mutter und Tochter:

● Was machst du denn mit der Pinzette?
○ Ich zupfe nur die Augenbrauen.

● – Dafür bist du noch viel zu jung!
– Schade um dein hübsches Gesicht!
– Laß sofort die Finger von …
– Solange du in meinem Haus wohnst, … nicht …
– Wenn du dich unbedingt häßlich machen möchtest.
– Meinst du etwa, daß du so erwachsener aussiehst?

Spielen Sie nach kurzer Vorbereitung ähnliche Dialoge zwischen Mutter und Tochter.

8.8 Rate, wer ich bin, oder stirb!

Diesem Spiel liegt ein altes Märchenmotiv zugrunde. Darin gibt eine grausame Prinzessin den Gefangenen Rätsel auf. Wenn die Gefangenen die Rätsel nicht lösen können, müssen sie sterben.

Spielregeln:

1. Die „Gefangenen" müssen die Herkunft der Prinzessin erraten. Sie können dreimal nach dem Wappen fragen: „Zeigt dein Wappen ...?" Spätestens mit der vierten Frage müssen sie die Herkunft nennen: „Bist du die Prinzessin von ...?"
2. Wer das Rätsel löst, darf weiterspielen. Wer es nicht löst, scheidet aus.

3. Alle „Gefangenen" haben diese Spielvorlage. Die Prinzessin hat eins der Wappen, das niemand außer ihr kennt.

Spielvarianten:

1. Die Klasse fertigt selbst Wappen an. Die Schüler kleben entweder ausgeschnittene Bilder in die Wappenrahmen (siehe Abbildungen), oder sie zeichnen welche.
   Dann verläuft das Spiel nach dem üblichen Schema:

    ○ Zeigt dein Wappen ein Krokodil?

    Oder:
    ○ Zeigt dein Wappen *ein rotes Motorrad*?

Oder – je nachdem, was in der Grammatik geübt werden soll:

    ○ Hast du ein Wappen *mit einem schwarzen Auto*?

2. Die Bilder auf den Wappen symbolisieren Eigenschaften, Vorlieben und Abneigungen der Prinzessin.

○ Fährt die Prinzessin gerne Motorrad?
● Nein.
○ Hat die Prinzessin Angst vor Schlangen?
● Nein.

○ Ist die Prinzessin stark wie ein Löwe?
● Ja.
○ Dann ist sie die Prinzessin von Portugal!

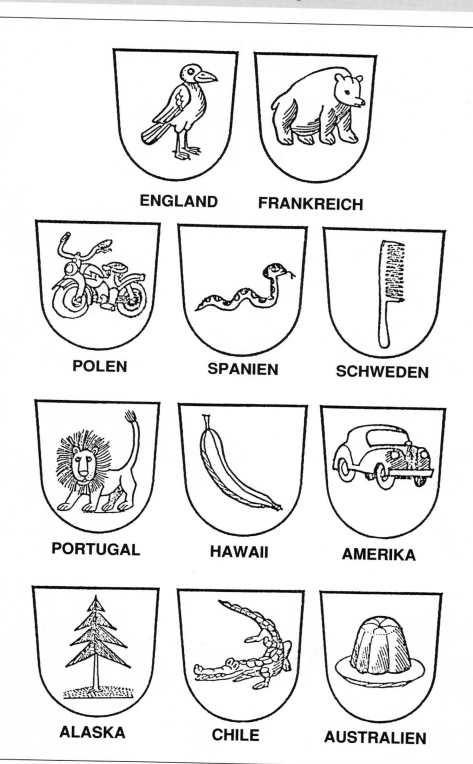

ENGLAND   FRANKREICH

POLEN   SPANIEN   SCHWEDEN

PORTUGAL   HAWAII   AMERIKA

ALASKA   CHILE   AUSTRALIEN

 Maskierungen

9.1 Schattenspiele

Auf einer Party sollen in einem Schattenspiel alle Gäste ein bestimmtes Tier darstellen. Die Ergebnisse sehen Sie unten.

Geben Sie Ihre Kommentare in einer der drei folgenden Formen ab:

					Dativ
Erwins	Hund	hat	eher Ähnlichkeit	mit	einem Schwein.
Hedwigs	Kamel		ähnelt eher	–	einem Fuchs.
Kuddls	Figur	hat	wenig gemeinsam	mit	einem Boxer.

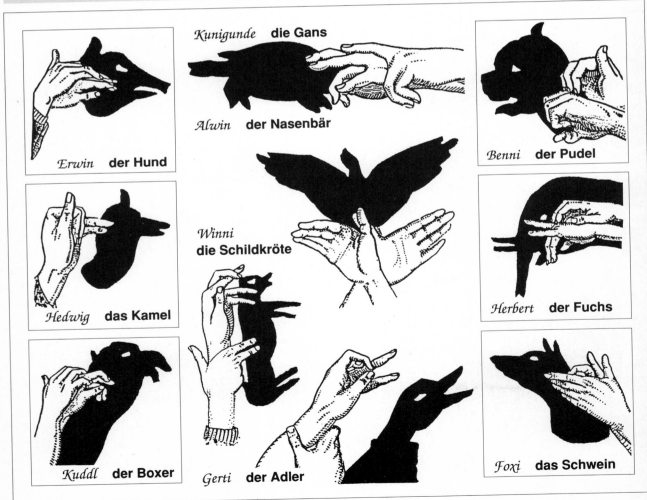

Kunigunde **die Gans**

Alwin **der Nasenbär**

Erwin **der Hund**

Benni **der Pudel**

Winni
die Schildkröte

Hedwig **das Kamel**

Herbert **der Fuchs**

Kuddl **der Boxer**

Gerti **der Adler**

Foxi **das Schwein**

9.2   Nach dem Maskenball

1. „Dreh dich!"
    „Ich mag nicht mehr."

Beim Maskenball im gold'nen Stern
War auch ein Bär mit seinem Herrn.

2.

Die tranken von dem edlen Blut
Der Reben mehr als ihnen gut.

3.

Und beim Nachhausgeh'n zeigte sich,
Daß beide schwankten fürchterlich.

4.

Bald muß der Führer sich bemüh'n,
Den Bären mit sich fortzuzieh'n.

5.

Bald kriecht er selbst auf allen vieren
Und muß vom Bär sich lassen führen.

6.

Der treue Wächter von der Nacht
Hält noch am Brunnen ruhend Wacht.

7.

*Sogleich beschließt man, ihn zu necken
Und mit der Bärenhaut zu schrecken.*

8.

*Der Wächter flieht in aller Eile
Und klettert auf die Brunnensäule.*

9.

*Es folgt der Bär ihm mit Gebrumm,
Der Führer lacht sich beinah' krumm.*

10.

*Jedoch ein kalter Wasserstrahl
Läßt ihn verstummen auf einmal.*

11.

*Der Wächter kommt vom Brunnenrand
Jetzt wieder auf das feste Land.*

12.

*Dem Bären geht es minder gut,
Er purzelt in die kalte Flut.*

13.

*Mit seinem Angst- und Hilfsgeschrei
Ist das Inkognito vorbei.*

14.

*Gar schnell ernüchtert folgen beid'
Dem Diener der Gerechtigkeit.*

15.

Und bis zum Aschermittwoch
Sitzt der Herr und Bär im finstern Loch.

Kommst Du vom Maskenball nach Haus
Halt' Dich nicht auf, geh' geradeaus,

Vermeide Schabernack und Streit,
Am meisten mit der Obrigkeit.

Zu jedem Bild paßt nur ein Ausruf von jeweils drei, die auf dem folgenden Blatt zur Auswahl angeboten werden.

Streichen Sie den verwendeten Ausdruck in der Liste aus, und tragen Sie ihn über dem Bild ein. Versuchen Sie auch, Erwiderungen auf den Ausruf zu finden.

1	Hände hoch!	~~Dreh dich!~~	Sitz!
2	Guten Appetit!	Herzlichen Dank.	Zum Wohl.
3	Halt mich!	Vorwärts!	Halt!
4	Schneller!	Such!	Schluß jetzt!
5	Ruhe!	Hut ab!	Los!
6	Auf!	Pssst!	Weg!
7	Hurra!	Uuh!	Auf ihn!
8	Beiß ihn!	Hinterher!	Noch mal!
9	Hol ihn dir!	Der Ärmste!	Helft ihm.
10	Hilfe!	Iiih!	Pfui!
11	Verdammt!	Toll!	Mach zu!
12	Gott sei Dank!	Schrecklich!	Um Himmels willen!
13	Lächerlich!	Schade!	Selber schuld!
14	Hoppla!	Vorsicht!	Bewegt euch!
15	O weh!	Nie wieder!	Endlich!

9.3 Fertig zum Ausgehen

Schreiben Sie die Zahlen der Kleidungsstücke hinter die Wörter:

– e Jacke ( )	– e Schuhe, Pl. ( )	– e Handtasche ( )
– r Hut ( )	– r Gürtel ( )	– r Schal ( )
– r Rock ( )	– e Handschuhe, Pl. ( )	– e Brille ( )
– e Strümpfe, Pl. ( )	– r Pullover ( )	

Die Dame ist ausgegangen. Was hat sie vorher alles gemacht?
Erzählen Sie. Diese Verben helfen Ihnen:

umbinden – band um – hat umgebunden	*anziehen* – zog an – hat angezogen
aufsetzen – setzte auf – hat aufgesetzt	*überziehen* – zog über – hat übergezogen
zuknöpfen – knöpfte zu – hat zugeknöpft	*umschnallen* – schnallte um – hat umge-
umhängen – hängte um – hat umgehängt	schnallt

Die Dame ist schlafen gegangen. Was hat sie vorher alles gemacht?
Erzählen Sie. Diese Verben helfen Ihnen:

ausziehen, abschnallen, aufknöpfen	
abnehmen – nahm ab – hat abgenommen	*ablegen* – legte ab – hat abgelegt

Ergänzen Sie die Lücken.

Die Dame ist ....

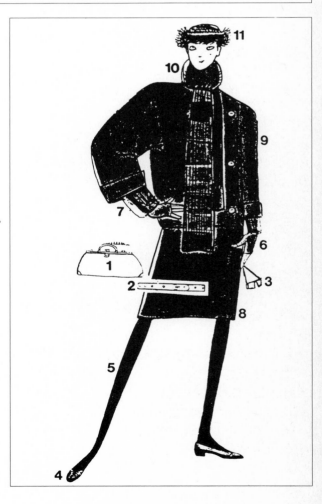

1. Sie hat sich die Strümpfe angezogen.

2. Sie hat sich den Rock ....

3. .... Pullover ....

4. .... umgebunden.

5. .... die Jacke ....

6. .... den Schal ....

7. .... aufgesetzt.

8. .... aufgesetzt.

9. .... die Schuhe ....

10. .... die Handschuhe ....

11. .... umgehängt.

Jeder bekommt eine Nummer, die für eine der abgebildeten Verkleidungen steht, und muß das Faschingskostüm nach der Zeichnung deuten und beschreiben.

Beispiel: Schüler mit der Nummer 8 fragt Schüler mit der Nummer 12:

● *Als* was *verkleidest* du *dich* in diesem Jahr zum Fasching?
○ *Als Zuchthäusler.*
● Und was brauchst du dazu?
○ Nur einen gestreiften Schlafanzug.

Liste der Kostüme *(manche lassen sich auch anders deuten):*

1. der Cowboy	7. der Spanier	13. der Hauptmann
2. der Dirigent	8. der Zauberer	14. der Kobold
3. der Schneemann	9. der Schornsteinfeger	15. der Indianerhäuptling
4. der Flugzeugentführer	10. die Hexe	16. der Räuber
5. der Major	11. der Ballonverkäufer	17. die Kurtisane
6. der Bankräuber	12. der Zuchthäusler	18. der Waldgeist

9.5   Gedanken in Schranken

Schauen Sie sich diese fünf Szenen an. Die Schatten verraten Ihnen, was die Menschen denken. Was sagen sie, und was denken sie?

Ordnen Sie die Äußerungen den fünf Karikaturen zu.

1. Idiot!
2. Ein geniales Talent!
3. Ein spätes Meisterwerk von seltener Harmonie.
4. Da wird einem ja übel!
5. Wann bringen sie die Bestie endlich zum Schweigen?
6. Nur noch dreißig Tage, Boß!
7. Sie sehen wieder blendend aus!
8. Reizend, Ihre Bekanntschaft zu machen.
9. Zu Befehl, Herr General!
10. Gibt's nicht schöne Mädchen genug, die man malen kann?

Machen Sie auch eigene Vorschläge.

Bild-Nr.	Das sagen sie:	Das denken sie:
1		
2		
3		
4		
5		

9.6 Durcheinander

Schneiden Sie die einzelnen Teile auseinander, und setzen Sie das Bild nach den Anweisungen der Mitschüler zusammen.

● Leg das … Bild *(links / rechts) neben / über / unter* das … Bild.
○ Das paßt (nicht)!
● *Dreh* das … Bild *um* 90 Grad (180 Grad, 270 Grad).
○ Jetzt paßt es! (Es paßt immer noch nicht!)

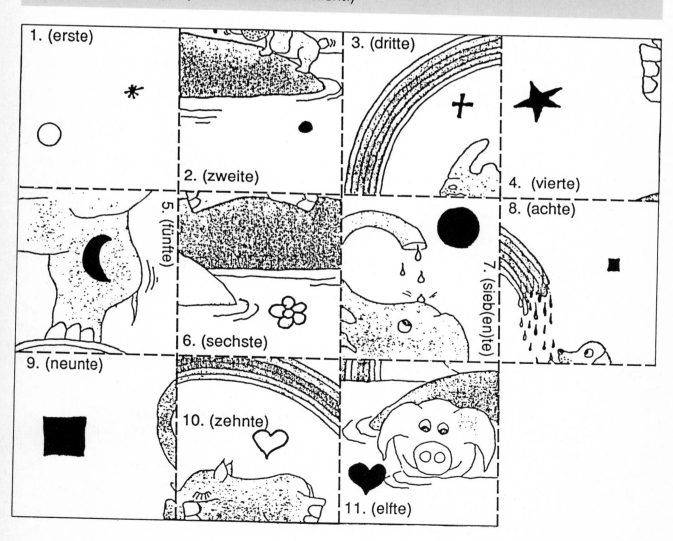

1. (erste)
2. (zweite)
3. (dritte)
4. (vierte)
5. (fünfte)
6. (sechste)
7. (sieb(en)te)
8. (achte)
9. (neunte)
10. (zehnte)
11. (elfte)

Spielhinweis:

Die Puzzleteile sollten nach Möglichkeit mit dem Overheadprojektor an die Wand projiziert werden. Nur so ist gewährleistet, daß die Schüler – für alle sichtbar und kontrollierbar – die Anweisungen befolgen und nicht das Bild heimlich zusammensetzen.

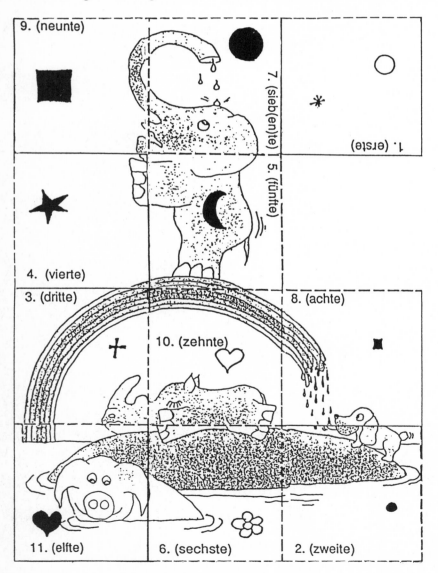